Frank Schneider – Toto und Harry: Brennpunkt Großstadt

KLARTEXT

Frank Schneider

Toto und Harry: Brennpunkt Großstadt

Hinter den Kulissen des Polizeialltags

Danksagung

Wir danken besonders unseren Frauen und Kindern für ihr Verständnis und ihre Geduld, wenn wir wieder stundenlang über dem Buch brüteten und keine Zeit für sie hatten.

Außerdem gilt unser Dank den Kolleginnen und Kollegen unserer Dienstgruppe, unserem Chef der Polizeiinspektion Mitte, der Pressestelle und nicht zuletzt Polizeipräsident Thomas Wenner für die freundliche Unterstützung. Und wir danken Salih Avci, der mit speziell entwickelten Eingriffstechniken dazu beiträgt, dass wir Polizisten immer gesund nach Hause kommen.

1. Auflage April 2007
Fotografien: Frank Schneider
Satz und Gestaltung: Klartext Medienwerkstatt GmbH, Essen
Umschlaggestaltung: Volker Pecher, Essen
Druck und Bindung: cpi books, Leck
© Klartext Verlag, Essen 2007
ISBN 978-3-89861-736-9
Alle Rechte vorbehalten.

www.klartext-verlag.de

Inhalt

Vorwort 7

Der lange Weg 11

Durchgeknallt 21

Die Fundsache 27

Häusliche Gewalt 33

Immer im Dienst 43

Sex & Crime oder: Kuriose Gestalten im Großstadtrevier 51

Ein kleiner Italiener 73

Ein Dieb ohne Moral 81

Höhenangst 87

Der schnelle Tod eines kleinen Mädchens 105

Und das alles nur wegen eines dämlichen Führerscheins
oder: Der Schock in der Nacht 113

Verbrechen war sein Leben 123

Thyssen-Kai-Uwe 135

Eine ganz normale Schicht 147

Nachwort 157

Vorwort

Sie sind Polizisten mit Leib und Seele. Mit Herz und Verstand. Und gerne mit einem lockeren Spruch auf den Lippen. Zusammen sind sie in ihrem Revier ein unschlagbares Team: Toto und Harry, die wohl bekanntesten „echten" TV-Polizisten Deutschlands. Seit sechs Jahren fesseln Oberkommissar Torsten Heim und Kommissar Thomas Weinkauf Millionen Menschen vor dem Fernseher.

Ich kenne die beiden jetzt genau diese sechs Jahre. Als Polizeireporter war ich damals nach der ersten „Toto und Harry"-Folge im Fernsehen von dem realen Einblick in den Alltag einer Polizeistreife sofort begeistert. So ehrliche und echte Typen, das gab es vorher nie.

Danach habe ich die beiden oft in ihrem grün-weißen Bulli begleiten dürfen. Habe sie ganz nah und persönlich kennen gelernt. Daraus hat sich eine Freundschaft entwickelt. Denn eins war mir ziemlich schnell klar: Auf Toto und Harry kann man sich blind verlassen. Und sie sind so, wie sie sind.

Ich habe mit den beiden oft über die kuriosen Dinge des Polizeialltags gelacht, die so nur das wahre Leben erzählen kann. Manchmal liefen uns während der Streifenfahrt sogar Lachtränen übers Gesicht.

Aber ich habe mich auch mit ihnen über unbelehrbare, aggressive oder rücksichtslose Täter geärgert. Manchmal habe ich sogar mit ihnen gelitten. Wenn die Hilfe bereits zu spät kam oder Kinder schuldlos zu Opfern wurden.

Viele Fälle waren so im Fernsehen nie zu sehen. Weil nicht immer die Kamera dabei ist. Und weil sie oft auch abgeschaltet werden musste, um das Gelingen des Einsatzes nicht zu gefährden und die Beteiligten zu schützen. Da kam uns die Idee zu diesem Buch.

Denn hier können Toto und Harry Ihnen einen schonungslosen Einblick in ihren immer rauer und härter werdenden Polizeialltag geben. Sie zeigen, wie frustrierend der Dienst in einer Großstadt mit ihrer Anonymität sein kann. Es ist ein Bild, gezeichnet von täglichen Niederlagen und Erfolgen.

Ein Alltag mit zunehmender Gewaltbereitschaft und immer weniger Respekt. Auch vor der Polizei. Immer die Schutzweste unter dem Diensthemd. Egal ob 35 Grad im Schatten sind – da die beiden nie wissen, ob bei der nächsten Autokontrolle einer plötzlich durchdreht und ein Messer zieht.

Dieses Buch zeigt, dass Toto und Harry auch immer öfter neben ihrer eigentlichen Arbeit Sozialarbeiter sein müssen. Dort, wo unsere Gesellschaft versagt hat, steht als letztes Glied der Kette die Polizei. Die Frauen und Männer in Uniform können häufig aber erst dann eingreifen, wenn es eigentlich bereits zu spät ist.

Sie müssen Klaukinder einfangen. Obwohl sie wissen, dass die Kids in einer Stunde wieder frei sind und weiter einbrechen. Gezwungen von den eigenen Eltern.

Sie müssen Jugendbanden einsperren, die andere Kinder auf dem Schulweg zusammenschlagen und ausrauben. Die jungen Täter nennen das lapidar „Abziehen", zeigen keine Reue. Und schlagen kurz darauf wieder zu.

Sie müssen Ehemänner aus ihren Wohnungen werfen und einsperren, weil die ihre Frauen brutal verprügelt haben. Oft kehren diese Männer kurz darauf wieder zurück. Flehen um eine zweite Chance. Und einen Monat später rasen Toto und Harry erneut mit Blaulicht zur Wohnung, weil die Nachbarn die verzweifelten Hilferufe der Frau nicht mehr ertragen.

Und sie müssen immer wieder die gestrandeten Menschen ins Gewahrsam sperren, die obdachlos und alkoholkrank auf den Straßen schlafen. Mal im Eingang einer Tiefgarage, mal unter einer Brücke oder im engen Holzhäuschen auf dem Spielplatz. Keiner will diese Verlierer sehen, keiner will ihnen helfen.

Dann wählt man eben 110. Und sofort kümmern sich Toto und Harry um diese Menschen in Not. Sie machen keine Unterschiede. Wer Hilfe braucht, bekommt sie. So schnell wie möglich, da geben die beiden alles. Auch das hat mich bei meinen Fahrten im Polizeibulli immer wieder beeindruckt.

Dieses Buch beschreibt, wie manche Einsätze Polizisten einfach nicht mehr loslassen und ins Grübeln bringen. Wie der Alltag ihnen Bilder zeichnet, die in den Hochglanzprospekten der Einstellungsberater nicht zu finden sind. In der Großstadt liegen Freud und Leid eben sehr nah beieinander.

Schreckliche Erlebnisse machen hilflos und lassen die beiden Polizisten manchmal fast verzweifeln. Aber es sind eben die schönen Momente, die Toto und Harry jeden Tag mit Hoffnung in ihr Großstadtrevier treiben, sie tagsüber schlafen und nachts arbeiten lassen.

Und wenn Toto und Harry mal wieder ein weggelaufenes Kind den vor Glück weinenden Eltern zurück in die Arme bringen, dann möchten sie nie wieder etwas anderes machen. Denn das könnten sie auch gar nicht. Sie sind eben Polizisten mit Leib und Seele. Sie verstehen jede Schicht in ihrem grün-weißen Bulli als Berufung. Nicht als Job.

Weil sie wissen, dass sie da draußen im Brennpunkt der Großstadt gebraucht werden.

Mehr denn je.

Frank Schneider, Autor

Der lange Weg

„Toto und Harry für 11/01!" Die markante Stimme unseres Funkers Peter drang aus dem Lautsprecher des Streifenwagens und unterbrach Toto in seiner Analyse des vergangenen Bundesligaspieltages. Ausgerechnet in dem Moment, als er im Begriff war, sich in epischer Breite über den sensationellen 1:2-Auswärtssieg unseres VFL Bochum in Dortmund auszulassen. Das passiert ja leider nicht so oft.

Nun starrten wir beide wie gebannt und wortlos auf den Lautsprecher. Denn an Peters Stimmlage und der Art und Weise, wie er uns ansprach, merkten wir sofort, dass er aufgeregt war. Uns war klar: Da wartet ein schwieriger und dringender Einsatz auf uns.

Als die Stimme unseres Funkers wieder durch den Lautsprecher drang, hin und wieder unterbrochen von einem leichten Knacken, wurden wir in unserer Annahme bestätigt.

„Fahrt mal schnell zur Königsallee. In Höhe der Zufahrt zum Konrad-Adenauer-Platz, an der Brücke da, ihr wisst schon, da erwarten euch zwei Gleisarbeiter der Bundesbahn. Die beiden haben bei ihren Arbeiten eine weibliche, hilflose Person in einem Gebüsch entdeckt. Die Frau ist nicht ansprechbar und bewegt sich nicht. Die Feuerwehr ist auch schon alarmiert, die schicken einen Rettungswagen und einen Notarztwagen zum Einsatzort."

Die gerade noch vorhandene Gelassenheit im grün-weißen Bulli wich einer deutlichen Anspannung, die sich auf Totos Gesicht ausbreitete. Auch ich merkte, dass sich mein Pulsschlag erhöhte, meine Körperspannung zunahm und die Handflächen leicht zu schwitzen begannen. Da kann man noch so erfahren sein, noch so viele Einsätze hinter sich haben. Der Stress ist immer wieder da.

In Sekundenschnelle setzte ich die einzelnen Informationen unserer Leitstelle wie Puzzleteile zusammen und vor meinem geistigen Auge entwickelte sich ein Bild von dem, was sich zugetragen haben könnte. Und was uns erwarten würde.

Eine Frau in der Nähe von Gleisen … nicht ansprechbar und bewegungslos … Sie war vermutlich von einem Zug erfasst worden, oder hatte sich sogar bewusst das Leben genommen …

Bahnleichen, die von Zügen erfasst wurden, sind so ziemlich das Schlimmste, was es gibt. Schlimmste Verletzungen und schwere Verstümmelungen. Bilder, die sich ins Gedächtnis einfressen und die man nie wieder vergisst.

Mein Hals war plötzlich ganz trocken und ich musste schlucken. Ein Blick in Totos Gesicht verriet mir, dass er offensichtlich die gleichen Gedankengänge hatte. Nur mit dem kleinen Unterschied, dass ihm so ein Anblick bekanntermaßen weniger ausmacht als mir. So hoffte ich im Stillen, dass sich meine schlimmen Befürchtungen nicht bestätigen würden.

Obwohl der dichte Berufsverkehr in der Bochumer Innenstadt bereits eingesetzt hatte, erreichten wir unter Einsatz von Martinshorn und Blaulicht, den im Polizeideutsch so genannten „Sonder- und Wegerechten", bereits zwei Minuten später den Einsatzort. Ausnahmsweise hatten die Autofahrer vor der roten Ampel Platz gemacht und waren nicht hypnotisiert vom Martinshorn einfach stehen geblieben. Denn wenn wir eilig zu einem Notfall müssen, sind die Fahrkünste einiger Asphalt-Strategen manchmal wirklich zum „aus der Haut fahren".

Die beiden von unserem Funker angekündigten Gleisarbeiter warteten bereits an der Straße auf uns. Ich dachte nur: „O nein, der Notarzt ist noch nicht da, wir sind die ersten." Man ist als Polizist bei Verletzten immer froh, wenn Rettungssanitäter oder Notarzt schon da sind.

Sie können einfach besser helfen, haben die entsprechende Ausbildung und Ausrüstung. Oft ist es aber auch unsere Aufgabe, einen Bewusstlosen in die stabile Seitenlage zu bringen. Oder mit zittrigen Händen den Puls zu fühlen. Oder wenigstens beruhigend die Wange zu streicheln.

Auch hier waren wir mal wieder die Ersten, mussten uns dem stellen, was nun kam. Die beiden Arbeiter wiesen uns den Weg und gemeinsam kämpften wir vier uns durch zahlreiche, mit Dornen besetzte Büsche einen ziemlich steilen Abhang zu den Gleisen hinauf. Die Bahnstrecke führt dort an einer Brücke über die Königsallee.

Es war mühsam, die rutschige Böschung hochzuklettern. Ich riss mir die Hand an den dicken Dornen auf, doch der Schmerz interessierte mich in diesem Moment nicht. Die marternde Frage, was uns erwartete, überlagerte alles andere.

Oben angekommen erreichten wir ein stillgelegtes Gleis. Zwischen den mit Schotter befüllten Holzbohlen wuchsen bereits Gräser und viele kleine Sträucher. Zwischen den Gleisen lagen überall alte und verrostete Metalldosen, eine Menge Zigarettenkippen und sonstiger Müll.

Einer der beiden Arbeiter wies mit seinem ausgestreckten Arm in eine Richtung, dort musste es nach meiner Einschätzung zum Bochumer Hauptbahnhof gehen. Er rief hektisch: „Dorthin! Es sind noch etwa zweihundertfünfzig Meter bis zu dem Mädchen."

Von der Hoffnung beflügelt, vielleicht noch etwas retten zu können, rannten wir los. Ich hatte Mühe, mit den schnellen und raumgreifenden Schritten die Bohlen zwischen den Gleisen zu treffen.

Als es mir einmal nicht gelang, eine der Bohlen zu treffen und mein rechter Fuß auf dem Schotter landete, kam ich ins Rutschen und wäre vermutlich gestürzt, wenn Toto mich nicht blitzschnell von hinten am Arm gepackt und so gestützt hätte. Wir sind eben in allen Lebenslagen ein Team.

Kurz darauf zeigte einer der beiden Zeugen auf ein dichtes Gebüsch neben den Schienen und sagte betreten: „Da bin ich gerade hingegangen, um kurz zu pinkeln. Und dann habe ich die Frau hinter dem Gebüsch liegen sehen." Der Schock darüber war in seinen Augen noch gut zu erkennen. In diesem Moment wurden wir alle durch die lauten Töne eines Martinshorns abgelenkt, das von der Königsallee her kommend in unsere Ohren drang.

Der Rettungswagen und der Notarzt! Zum Glück sind sie da, hoffentlich können sie noch was tun. Einer von uns musste jetzt zu den anderen Einsatzkräften laufen, um sie einzuweisen.

Kaum zu Ende gedacht, drehte sich Toto um und rannte wieder auf dem Gleis in Richtung der Martinshörner zurück. Im Laufen rief er mir zu: „Gib mir über Funk durch, was mit der Frau los ist. Damit die wissen, was benötigt wird, Harry!"

Ich nickte stumm. So war der Schwarze Peter bei mir gelandet, ich musste im Gebüsch den Frauenkörper suchen. Mit etwas verlangsamten Schritten und einem flauen, fast ängstlichen Gefühl umrundete ich die Sträucher, hinter denen die Frau liegen sollte und erreichte eine Art „Lichtung" inmitten weiterer, dicht bewachsener Büsche.

Dann sah ich sie. Die Frau lag mit ihrer linken Körperseite auf dem lehmigen Boden, ihr Körper war völlig zusammen gekrümmt. Ihre Beine waren angewinkelt und das Gesicht nicht zu erkennen, da ihre langen schwarzen Haare es verdeckten.

Immerhin sah ich kein Blut, und Arme und Beine waren auch noch da, wo sie hingehörten. Also keine zerschmetterte Bahnleiche. Ich war noch nicht erleichtert, aber die größte Angst war mir genommen. Die junge Frau war mit einer abgetragenen Bluejeans und einem dreckigen weißen T-Shirt bekleidet.

Ich bückte mich zu ihr herunter, fasste sie vorsichtig am rechten Oberarm und schüttelte ihren Körper.

„Hallo! Hallo! Hey! Hier ist die Polizei, was ist passiert? Hallo!" Doch keine Reaktion!

Vorsichtig drehte ich den regungslosen Körper auf den Rücken. Vorsichtig strich ich ihr die langen schwarzen, gelockten Haare aus dem Gesicht. Ich erschrak, denn die Frau, die mich aus leeren, glasigen Augen anschaute, war kreideweiß. In der linken Armbeuge steckte noch die Einwegspritze.

Aus dem Einstichloch ergoss sich ein dünnes Rinnsaal Blut, das sich am Unterarm verlor. Das Blut war schon dunkel getrocknet. Ich konnte keine Atembewegungen feststellen und auch keinen Pulsschlag mehr fühlen. Dann erfolgte der automatisierte Griff zum Funkgerät. Ich teilte Toto meine leider gar nicht guten Feststellungen mit. Er quittierte mit den Worten! „Okay! Ich bin mit dem Doc gleich wieder bei dir!"

Mein Blick fiel wieder auf die am Boden liegende Frau. Da durchfuhr mich wie ein Blitz erneut der Schreck. Denn plötzlich erkannte ich diese leblose Frau. Das war Silke! Die Silke, der ich immer wieder helfen wollte. Was mir nun offenbar nicht gelungen war.

Aufgrund der frisch gefärbten schwarzen Haare hatte ich sie nicht sofort erkannt, aber diese Frau war mir seit mehreren Jahren bestens bekannt. Sie hatte mich bei meiner Arbeit bei der Polizei immer wieder begleitet. Aber leider fast immer aus traurigem Anlass. Über die Jahre musste ich mit ansehen, wie eine ursprünglich hübsche und lebenslustige Frau rasend schnell alterte, zerfiel und von Drogen systematisch zerstört wurde.

Als ich sie kennen lernte, war sie erst fünfzehn Jahre alt. Sie besuchte zu diesem Zeitpunkt die neunte Klasse des Heinrich-von-Kleist-Gymnasiums in Bochum-Gerthe. Ein attraktives, junges Mädchen mit langen blonden Haaren, einem hübschen Gesicht und einem strahlenden Lächeln. Sie war ein echter Sonnenschein.

Während unserer Streife traf ich sie häufig im Beisein anderer Jugendlicher am Bochumer Hauptbahnhof an und im Rahmen einer Überprüfung hatten wir einmal eine geringe Menge Haschisch bei ihr gefunden. Es war ihr damals sehr unangenehm und sie schämte sich. Wir nahmen sie mit zur Wache und ich benachrichtigte die alleinerziehende Mutter, die sie an der Wache abholte. Ihrer Mutter gegenüber versprach sie damals in meinem Beisein, dass sie in Zukunft die Finger von Drogen lassen würde und bezeichnete die Geschichte als einmaligen Ausrutscher. „Ich wollte das doch nur mal ausprobieren, wie die anderen nur einmal dran ziehen, mal spüren, wie das ist. Das hat mir aber nichts gebracht, ich mach das bestimmt nie wieder." Bestimmt nie wieder, diese Worte fielen mir nun wieder ein, jetzt wo sie so vor mir auf dem kalten Boden lag.

Ich überlegte, wie es damals weiterging. Nach einigen Monaten, ich hatte diesen Vorfall bereits als Jugendsünde vergessen, trat Silke erneut negativ in Erscheinung. Diesmal wurde sie bei einem Ladendiebstahl erwischt. Sie hatte hochwertige Parfums in einem Geschäft der Firma „Douglas" geklaut.

Im Büro der Firma wartete sie gemeinsam mit dem Ladendetektiv auf uns. Sie wirkte gegenüber dem ersten Aufeinandertreffen verändert auf mich. Die Kleidung, ihre Haut und ihre Haare waren ungepflegt. Auch ihr Verhalten mir gegenüber war nicht mehr verschämt und zurückhaltend wie zuvor.

Sie wirkte verschlossen und war für ein offenes Gespräch nicht mehr empfänglich. So sehr ich auch versuchte, mit ihr über ihre Probleme zu reden, es gelang mir nicht. Ich prallte auf eine Mauer, auf der in großen Buchstaben Ablehnung stand. Das bedrückte mich, aber wie sollte ich jemandem helfen, der sich nicht helfen lassen wollte.

Im Laufe der nächsten Jahre wurde sie von uns oder den Kollegen immer häufiger bei Ladendiebstählen, kleineren Betrügereien oder ähnlichen Eigentumsdelikten ertappt. Die Schule hatte sie mittlerweile abgebrochen. Sie hatte keine Lehrstelle und keinen Job.

Vor etwa sechs Jahren kam dann die bittere Wahrheit ans Licht. Silke wurde nach einem erneuten Diebstahl festgenommen und man fand drei „Bubbles" (kleine Päckchen) Heroin bei ihr. Sie hing an der „Nadel"! Aufgrund ihrer vielen Straftaten musste sie wenig später sogar für einige Monate ins Gefängnis.

Nach der Entlassung aus der Haft schien sie sich besonnen zu haben. Toto und ich hatten damals gesagt: „Vielleicht war das für sie ein heilsamer Schock in der Zelle." Wie hatten wir uns geirrt! Denn Silke hatte lediglich eine andere Möglichkeit gefunden, um sich genug Geld für ihre Drogen zu besorgen.

Ich erfuhr von Kollegen, dass sie sich am Dortmunder Hauptbahnhof prostituierte. Sich für eine schnelle Nummer auf der Bahnhofstoilette verkaufte. Egal mit wem, Hauptsache es sprang ein wenig Kohle dabei raus, um sich den nächsten Schuss setzen zu können.

Es kam, wie es kommen musste. Sie infizierte sich entweder durch eine verseuchte Spritze oder steckte sich bei einem Freier durch ungeschützten Verkehr an. Das bringt ja mehr Geld, und ihr war ja sowieso alles egal, wenn sie auf Entzug war. Jedenfalls holte sie sich Hepatitis C und ihr früher so schöner Körper verfiel dadurch rapide. Da sie weiterhin in Bochum lebte, traf man sie dennoch häufig im Innenstadtgebiet an.

Silke wankte wie ferngesteuert durch die Straßen und die Fußgängerzone. Man hatte sie inzwischen im Methadonprogramm

aufgenommen. Die Ersatzdroge Methadon lindert zwar die Entzugserscheinungen, doch den wirklichen Kick bekommen die Abhängigen dadurch nicht, sodass sie oft auch weiterhin Heroin konsumieren. Oder alles einwerfen, was sie kriegen können – von Tabletten bis zu Speed.

Silke steckte in diesem Teufelskreis fest und schien ihm nicht entfliehen zu wollen, später nicht mehr zu können. Sie fiel noch öfter bei den üblichen Ladendiebstählen und einmal sogar bei einem Raub auf. Und sie wanderte wieder in Haft.

Immer wenn ich sie traf, musste ich an meine beiden Töchter denken. Mein Herz krampfte sich zusammen und ich hoffte, dass sie niemals mit Drogen in Kontakt kommen würden.

Nun lag Silke vor mir auf diesem lehmigen Boden. Sie hatte mit dem hübschen Mädchen von damals nicht mehr viel gemeinsam. Ihr strahlendes Lächeln war längst nicht mehr vorhanden, denn die Zähne waren zum größten Teil verfault und schwarz oder gar nicht mehr vorhanden.

Ich konnte mir vorstellen, dass es in ihrem Leben schon lange keinen Grund für Freude gegeben hatte, denn sie war vermutlich tagtäglich nur von dem Gedanken besessen, wie sie ihren nächsten Schuss finanzieren konnte und woher sie ihn erhalten würde.

Ich erinnerte mich noch einmal an das süße und lebenslustige Mädchen, dass sie einst war und wurde jäh aus meinen Gedanken gerissen und in die Wirklichkeit zurückgeholt, als Toto gemeinsam mit dem Notarzt und drei Sanitätern schnaufend auf die Lichtung trat. Ich ging zur Seite, um den Rettungskräften möglichst viel Platz für ihre Arbeit zu lassen.

Aus der Entfernung beobachteten wir das verzweifelte Ringen um ein Menschenleben. Silke wurde beatmet, Sauerstoff wurde ihr aus einer kleinen Flasche zugeführt und der Notarzt leitete eine Herzmassage ein. Das Drogenmädchen bekam mehrere Spritzen und Infusionen. Die Verpackungen der Medikamente und Spritzen flogen durch die Luft und lagen rings um die Rettungskräfte verteilt.

Nach und nach machte sich jedoch immer mehr Resignation auf den schweißgebadeten Gesichtern der Sanitäter und des Notarztes breit, und nach minutenlangem Kampf gaben sie sich geschlagen. Denn sie mussten einsehen, dass alle Hilfe und Bemühungen hier nicht mehr fruchteten. Das wortlose Kopfschütteln des Notarztes war das Signal, das alle Befürchtungen wahr werden ließ.

Silke war tot! Ein schleichendes, jahrelang dauerndes Sterben hatte hier einsam sein Ende gefunden.

An einem schmutzigen, von Einwegspritzen und Müll übersäten Ort, der nur von Drogenabhängigen aufgesucht wird, um sich dort ungestört das Heroin aufzukochen, es sich in die Venen zu jagen, um sich einen kurzen Kick zu holen und der Welt zu entfliehen.

Silke war dreizehn Jahre lang geflohen. Am Ende konnte sie nicht mehr weglaufen. Der Tod hatte gesiegt. Auf Raten war er gekommen, und nun präsentierte er die Rechnung.

Sie wurde nur achtundzwanzig Jahre alt.

Durchgeknallt

Gemütlich saßen wir morgens im Aufenthaltsraum unserer Wache. Das hatten wir lange nicht geschafft, die Schicht in Ruhe mit einem Kaffee, einem Brötchen und nettem Gespräch mit Kollegen zu beginnen. Meist kommt der erste Einsatz schon, wenn wir noch in Unterhose vor dem Spind stehen. Oder wir müssen noch Schreibkram vom Tag zuvor erledigen. Also, wie gesagt, ein schöner Morgen. Aber nicht lange.

Denn das Telefon auf dem großen Tisch im Gemeinschaftsraum klingelte. Harry ging dran und sagte lachend: „Wer stört?" Dann verdunkelte sich sein Gesicht, er nickte stumm in den Hörer und sagte nur: „Alles klar, wir sind auf dem Weg." Dann guckte er mich an: „Komm, Toto, Frühstück ist zu Ende, am Kindergarten zeigt sich so ein Dreckskerl nackt den Kleinen und er spielt auch noch an sich rum."

Ich nahm den letzten Schluck Kaffee und keine Minute später saßen wir in unserem grün-weißen Bulli. Während der Fahrt grübelte ich auf dem Beifahrersitz: „Was gibt es doch für kranke Menschen, warum macht einer so was? Und was bringt dem das? Wie weit würde der vielleicht sogar gehen, wenn er könnte?" Solche Einsätze mit Kindern oder so genannte Sexualdelikte hassen wir am meisten. Harry überholte gerade einen langsamen Bus und hatte dabei offenbar meine Gedanken erahnt: „Was für ein widerlicher Typ muss das sein? Wer weiß, was der schon alles gemacht hat?"

Bei solchen Einsätzen bringen wir uns doppelt ein, denn wir wollen verständlicherweise den Täter fassen und festnehmen. Wir sind schließlich beide Familienväter, Kinder als Verbrechensopfer nehmen uns mehr mit als alles andere. Doch zumeist ist die Beweiskette gegen Kinderschänder schwer zu erbringen, weil die Täter mit jedem Mal geschickter und abgezockter werden. Und weil sie ihre Opfer oft einschüchtern, ihnen ein schlechtes Gewissen machen.

Diese Menschen sind schwer krank und bedürfen erheblicher Hilfe, das wissen wir auch. Doch meist begehen sie ihre Taten bewusst und gewollt, bereiten sogar alles akribisch vor. Manche beobachten ihre Opfer über mehrere Monate, um dann im richtigen Moment zuzuschlagen. Über die Täter wird später vor Gericht diskutiert, sie bekommen verschiedene Gutachten, ihre schwere Kindheit wird strafmildernd gewertet, aber nach den Opfern wird kaum gefragt. Da müssen die Eltern selbst einen Rechtsanwalt bezahlen, damit sie vor Gericht als Nebenkläger auftreten können. Unser Rechtsstaat ist sicherlich weltweit einer der am besten funktionierenden und wir verteidigen ihn auch jeden Tag aufs Neue, aber nicht alles läuft richtig.

Als wir am Kindergarten eintrafen, wartete schon die besorgte Mutter auf uns, die auch die 110 gewählt hatte. Wie sich während des Gesprächs herausstellte, hatte sich der Mann im gegenüberliegenden Haus im zweiten Stock gezeigt. Die Mutter sagte erbost: „Und der war nicht nur nackt, der hat auch noch an sich rumgespielt, armselig." In welcher Form er Hand an sich gelegt hatte, war uns sofort klar.

Wir nahmen die Personalien der Frau auf, schließlich war sie eine wichtige Zeugin, dann trabten wir über die Straße zum Haus gegenüber. Harry sagte: „Der muss doch völlig bekloppt sein, bestimmt wohnt der da und zeigt sich am Fenster der eigenen Wohnung."

Schon als wir den Hausflur betraten, kam uns eine Oma mit ihrer Enkelin entgegen gelaufen. Ängstlich und verstört meldete sie uns: „Gut, dass Sie kommen. Da oben rennt ein halbnackter Mann mit einem großen Schwert über den Flur und will die Nachbarin köpfen." Harry sagte nur leise: „Sag ich doch, voll bekloppt." Dann rief er über Funk Verstärkung. Ich zog meine Dienstwaffe und sicherte den Treppenflur nach oben. Harry sagte ins Funkgerät: „Kommt schnell, wir gehen hoch!" Dann nahm er vom Gürtel das Reizstoffsprühgerät, unter Polizisten kurz RSG genannt.

Langsam gingen wir Stufe für Stufe die Treppe rauf und sicherten uns dabei gegenseitig. Da ist ein guter Partner wichtig, denn er gibt einem selbst die nötige Sicherheit und man kann sich auf den Einsatz konzentrieren, den Gegner im Visier behalten. Weil man eben weiß: Mein Partner passt auf mich auf.

Auf einmal drang lautes Gebrüll aus den oberen Regionen des Hauses durch das Treppenhaus: „Zu Boden, Vasall! Sonst köpfe ich dich, du Ungläubiger!" Es war eine männliche Stimme, die da schrie. Vermutlich der nackte, offenbar jetzt endgültig durch-

geknallte Täter. Nach seinem Gebrüll war im Hintergrund ein lautes Kreischen zu hören und eine Tür wurde zugeschlagen.

Wir schauten uns wortlos an und gingen dann schneller die Treppe rauf. Da oben brauchte jemand unsere Hilfe, das war spätestens jetzt völlig klar. Mir schoss durch den Kopf: „Da rufen sie uns wegen eines Exhibitionisten und jetzt läuft der Amok, das gibt es doch eigentlich nur im Film." Als wir in der zweiten Etage ankamen, staunten wir nicht schlecht: Vor uns stand ein kleiner Mann, höchstens 1,65 Meter groß. In den Händen hielt er ein ebenso großes Ritterschwert.

Ich dachte noch an den dicken Ritter Kunibert, als sich der kleine, aber offenbar gefährliche Angreifer in seine Wohnung verabschiedete und die Türe zuknallte.

Irgendwie kam mir das Gesicht bekannt vor, und Harry erinnerte sich: „Ist das nicht der Typ, der sich vor Monaten hier um die Ecke seinen eigenen Zebrastreifen auf die Straße gemalt hat?" Den hatten wir doch ins Zentrum für Psychiatrie gebracht, zur Betreuung. War der wirklich schon wieder draußen? Harry las offenbar schon wieder meine Gedanken: „Die müssen den Verrückten wieder raus gelassen haben, schönen Dank, und wir dürfen uns wieder mit ihm rumprügeln."

Während wir uns zunächst im Flur positionierten, hörten wir draußen mit Tatütata unsere Verstärkung anrauschen. Harry klopfte an die Nachbarstür: „Hallo, hier ist die Polizei, sind Sie verletzt?" Die Frau öffnete ihre Wohnungstür einen Spalt und guckte uns völlig geschockt mit Tränen in den Augen an: „Nee, ich hab noch mal Glück gehabt, aber jetzt dreht er wohl völlig durch, ich glaub das nicht."

Da kam auch schon die Verstärkung im Treppenhaus an. Wir wiesen unsere Kollegen kurz in die Lage ein, dann steckten wir unsere Pistolen wieder ein. Denn der Täter war ja jetzt in der Wohnung, und wir wollten uns im drohenden Tumult ja nicht gleich vor lauter Aufregung selbst erschießen. Da musst du als Polizist besonders vorsichtig sein, denn in der Hektik kann so manches passieren, wenn Kollegen hintereinander her laufen und ihre gezückten Pistolen im Anschlag haben. In München hat so mal eine Polizistin einen Kollegen in einer Täterwohnung erschossen.

Die Nachbarin war nun auch in den Flur getreten, vier Polizisten machten sie jetzt offenbar wieder mutiger: Sie berichtete, dass der Herr Nachbar häufiger durchdrehen würde. „Aber jetzt klinkt der total aus: Er hält sich für einen Rittersmann, der mich als Burgfräulein werben und erobern will. Als ich ihm sagte, dass ich leider – nee: wohl eher glücklicherweise – schon vergeben bin, wollte er mich köpfen. Der schrie: ‚Du hast dich mir gegenüber verwehrt, jetzt musst du sterben.'"

Noch während wir uns unterhielten, öffnete sich die Burgtüre des Rittersmannes, der jetzt mit einem engen Kettenhemd bekleidet in den Flur trat und einen Morgenstern schwang. Ohne viel Zeit zum Überlegen zu haben, stürzten wir uns zu dritt auf den Verrückten und überwältigen ihn. Gut, dass wir die Pistolen weggesteckt hatten. Das war zu überraschend für ihn und so ließ er sich widerstandslos fesseln.

Wir waren froh, dass diese Bedrohungslage so schnell und glimpflich zu Ende gegangen war, aber wir hatten ja auch keinerlei Rückzugsmöglichkeit gehabt. Der Kommissar Zufall hatte uns geholfen und der Überraschungseffekt war auf unserer Seite. Harry sagte glücklich grinsend über das gute Ende: „Siehste, andere rufen das SEK, wir erledigen das so."

Dann sah ich, wie Harry sich den Morgenstern anschaute und sein Grinsen wieder verschwand. Eine Schweißperle lief ihm über die Stirn, er wischte sie weg und sagte leise: „Mann, nicht auszudenken wenn er dich damit erwischt." Er zog sich Einweghandschuhe an und steckte den Morgenstern in eine Tüte – für die Kripo, das war schließlich ein gefährlicher Angriff auf Polizisten gewesen.

Der psychisch kranke Mann wurde dann von uns zum Zentrum für Psychiatrie verbracht. Wo man ihn ja schon kannte. Harry konnte sich nicht verkneifen: „Behaltet ihn diesmal bitte ein wenig länger hier, wir haben auch ohne ihn genug Arbeit." Jetzt wurde er also dort wieder betreut und mit Tabletten neu eingestellt. Nach einer Weile verbessert sich der Zustand der Patienten meist soweit, dass sie wieder in die Gesellschaft eingegliedert werden sollen. Ein

Vabanquespiel, welches oftmals nicht gelingt. Nach diesem Angriff und der wohl stark ausgeprägten Schizophrenie waren unsere Hoffnungen allerdings recht groß, dass wir den „Ritter" nicht so schnell wieder sehen würden.

Die Kollegen holten übrigens noch eine stattliche Anzahl antiker Waffen und Werkzeuge aus der Wohnung, die allesamt nicht verboten und im freien Handel als Sammlerstücke zu erwerben sind – wenn man nur alt genug ist. Ob man durchgeknallt ist und was man mit den Waffen vorhat, wird man ja leider nirgends gefragt.

Uns blieb nur mal wieder die verflixte Schreibarbeit, die auch noch getan werden musste. Je genauer, umso besser, denn andere Dienststellen – oder in diesem Fall Kripo-Sachbearbeiter – leben von unseren Fakten über das erste Einschreiten am Tatort oder unseren ersten Zugriff. Das heißt: Je mehr Informationen wir sammeln, aufnehmen und später ins Protokoll schreiben können, umso besser kann der Fall später vor Gericht gebracht werden.

Die Fundsache

Ein Einsatz, an den ich mich noch heute oft erinnere und dessen Geschichte ich immer wieder gerne erzähle, war die Fundsache im Parkhaus. Dieser Einsatz ereignete sich zu der Zeit, als es uns Deutschen noch vermeintlich besser ging, als unsere Währung noch die gute alte Deutsche Mark war und die Einführung des verhassten Euro, später „Teuro" genannt, kurz bevor stand.

Während einer Spätschicht im Frühjahr wurden Toto und ich von einem Polizeireporter und einem Fotografen begleitet, die beide für eine Zeitung arbeiteten. Der Reporter wollte einen Bericht über die beiden „Fernsehpolizisten" Toto und Harry schreiben. Der Fotograf, ich kann mich nur noch an den Spitznamen „Würmchen" erinnern, sollte das dazu passende Bildmaterial liefern.

Die beiden saßen voller Erwartung auf der ledernen Rücksitzbank, hinten im Fahrgastraum unseres grün-weißen Bullis. Ich dachte noch: „Hoffentlich werden die nicht enttäuscht." Denn unser Polizeialltag kann oft sehr unspektakulär sein. Unfallflucht, Ladendiebstahl, Schreibkram. Oder es gibt, mittlerweile allerdings immer seltener, diese berühmten Schichten, wo schlicht gar nichts passiert. Und über langweilige Routine wollten die beiden ja bestimmt nicht berichten.

Der eher wortkarge „Würmchen" hatte den Alu-Koffer mit seiner Fotoausrüstung direkt neben sich auf dem Sitz platziert und blickte meistens aus dem Fenster. Der Reporter hielt einen Stift in den Fingern seiner rechten Hand, mit dem er hin und wieder Notizen auf seinen Block schrieb. Was der wohl so aufschreibt, dachte ich. Denn manche für uns längst völlig normale Dinge interessieren einen „Nicht-Polizisten" häufig doch. Funksprüche, Ausrüstung, Kennzeichen-Abfrage.

Die Ereignisse in den ersten Stunden der Schicht hatten zunächst wenig Raum für verwertbares Reportagenmaterial gelassen und somit füllte sich der Block des Reporters eher mit biografischen Details über Totos und mein Leben und unsere polizeilichen Werdegänge.

Gerade als Toto dabei war, über seine polizeiliche Ausbildung zu berichten, wurde er durch einen Funkspruch unterbrochen, der den Reporter zu einem Stirnrunzeln veranlasste und den Fotografen leise gähnen ließ. Nach zwei Verkehrsunfallaufnahmen mit jeder Menge Schreibarbeit und einem Ladendieb sollten wir uns jetzt einer Fundsache annehmen. Der Pförtner eines Parkhauses hatte auf einem der Parkdecks eine Ledertasche gefunden.

So sehr sich alle Insassen des Bullis auch wünschten, dass etwas Außergewöhnliches passieren mochte, so sehr erlangten wir doch mehr und mehr die Gewissheit, dass die Polizeiarbeit in erster Linie nicht aus Action und Spannung à la Schimanski besteht.

Kurze Zeit später erreichten wir das Parkhaus am Husemannplatz, direkt unter dem Bochumer Amtsgericht. Wir fuhren langsam die Abfahrt in die Tiefen der Stadt hinunter, fahles Licht umhüllte uns. Eine Kulisse wie im Tatort, es fehlte, zum Glück, nur der erschossene Zahnarzt neben seinem Porsche. Pech für unsere beiden Gäste, dachte ich noch.

Dann stellten wir unseren Bulli neben der Schranke ab und gingen alle vier gemeinsam zur Pförtnerloge der Tiefgarage. Würmchen zog es vor, seine Fotoausrüstung im Streifenwagen zu lassen: „Lohnt sich wohl eher nicht." Eine Tatsache, die sich im Nachhinein als Fehler herausstellen sollte.

Wir wurden bereits vom Anrufer erwartet. Es handelte sich um einen rüstigen älteren Herrn, der seine viel zu schmale Rente durch die Pförtnertätigkeit in dem Parkhaus aufbesserte. In seiner Hand hielt er eine schwarze, lederne Handgelenkstasche. So ein Ding, das in den achtziger Jahren jeder zweite emanzipierte Mann als Handtaschenersatz mit sich herum schleppte und heute beim Betrachter eher den Eindruck erweckt, der Träger wäre entweder Spießer oder „Männerfreund". Wie sich die Zeiten ändern.

Der Pförtner hatte das Täschchen bei einem seiner stündlichen Rundgänge durch das Parkhaus gefunden. Es hatte auf einer der tieferen Parkebenen in einer Ecke auf dem Boden gelegen. Direkt neben einer leeren Parkbucht.

Der Pförtner erzählte: „Ich habe die Tasche da liegen sehen und mir sofort gedacht: Die hat einer verloren. Ich habe sie dann

hochgehoben und den Reißverschluss aufgemacht. Als ich dann reingeguckt habe, blieb mir erst die Spucke weg, dann habe ich sofort den Reißverschluss wieder zugemacht. Und ich habe sofort bei Ihnen angerufen, nicht dass es hinterher heißt, da fehlt was." Toto und ich schauten uns verwundert an, weil der Rentner im Unruhestand das so betonte.

Die beiden Journalisten hinter uns wurden nun langsam aufmerksam, so geheimnisvoll, wie der Pförtner sich ausdrückte, witterten sie doch langsam eine Geschichte für ihre Zeitung. Toto nahm die Handgelenkstasche an sich, drehte sich zu uns um und machte sie langsam auf. Dabei sagte er noch grinsend: „Und der Preis ist …!" Plötzlich verstummte er, wie wir alle. Denn wir alle trauten unseren Augen nicht: In der Tasche befand sich nichts anderes als … Geld. Und zwar bündelweise Geld, es sah aus wie die Beute eines Bankräubers.

Ich konnte nur noch ein kurzes und knappes „Moment" aus „Würmchens" Mund vernehmen und dann sah ich ihn auch schon zurück zu unserem Bulli rennen. Kurze Zeit später kehrte er mit seiner kompletten Kameraausrüstung zurück. Hektisch packte er den großen Fotoapparat aus, machte ein Weitwinkelobjektiv drauf und fotografierte dann, was das Zeug hielt.

In den folgenden Minuten waren wir damit beschäftigt, das viele Geld aus der Tasche zu zählen. Der Kassensturz ergab, nach zweimaligem Zählen, letztendlich das hübsche Sümmchen von unfassbaren 91.000 Mark.

Irgendwer stellte dann dem ehrlichen Finder die Frage, ob er nicht eine Sekunde daran gedacht hätte, das viele Geld zu behalten. Doch seine lächelnde Antwort war: „Ich habe es doch so gut im Leben. Ich habe ein warmes Zuhause, immer leckeres Essen, das meine liebe Frau für mich macht und abends gönne ich mir vorm Fernseher ein Fläschchen Bier. Was braucht man mehr? Und das Geld bringt einem nur Ärger, in dem Fall wahrscheinlich doppelt, denn das ist doch bestimmt geraubt oder so was."

Wir sagten dem ehrlichen Finder, dass es in den letzten Tagen keinen Raub oder Diebstahl mit so einer großen Summe in unserer Großstadt gegeben hätte. Und der Reporter meinte nur: „Auch

nicht in einer anderen Stadt, sonst wüssten wir davon." Bevor wir gingen, meinte der Pförtner grinsend: „Kriege ich denn Finderlohn?" Meine Antwort war eindeutig: „Klar, der steht Ihnen zu." In diesem Moment ahnte ich ja nicht, dass es dazu aber nie kommen würde.

Wir nahmen die Tasche mit dem Geld an uns. Der Pförtner rief uns lachend hinterher: „Aber nicht, dass ihr jetzt damit durchbrennt." Toto und ich gingen mit den beiden jetzt glücklich wirkenden Journalisten zu unserem grün-weißen Bulli. Zufriedenheit machte sich breit, denn der Reporter hatte jetzt einige Zeilen auf seinem Block stehen und auch „Würmchens" Filme hatten sich schnell gefüllt.

Auf der Fahrt zur Wache beschäftigte uns alle die eine Frage: „Hättest Du das Geld behalten, oder wärst auch du so ehrlich gewesen?" Wir kamen anfangs zu keinem Ergebnis: Eigentlich schon, aber soviel Geld, anonym, ohne Namen in der Tasche? Wer weiß, ob es jemals abgeholt werden würde. Aber hinterher waren wir uns doch einig: Das schlechte Gewissen hätte uns keine Ruhe gelassen.

Die Herkunft des Geldes konnte im Übrigen wirklich nie geklärt werden. Es hat sich bis heute niemand gemeldet, der Anspruch auf das Geld erhoben hätte. Vermutlich war es Schwarzgeld, das jemand kurz vor der Währungsreform abgeholt hatte, um es später Stück für Stück in Euro zu tauschen. Dazu kam es nun nicht mehr.

Und dem Pförtner kam der Spruch „Ehrlich währt am längsten" nicht wirklich zugute. Da er das Geld in Ausübung seiner Arbeit in einem städtischen Parkhaus gefunden hatte, durfte er es nicht, wie sonst bei Fundsachen, die keiner will, behalten.

Aber er hatte uns ja gesagt: „Ich bin glücklich, so wie es ist." Dieser Spruch blieb uns gut in Erinnerung. Und er stand auch später in der Zeitung. Als gutes Beispiel für die Überzeugung eines ehrlichen Bürgers, wie ihn sich nicht nur Polizisten öfter wünschen.

Häusliche Gewalt

Wir konnten kaum Luft holen. Gerade erst hatten Harry und ich einen Randalierer aus einer Kneipe nonstop ins Gewahrsam gebracht, dann am Puff einen Betrunkenen nach Hause geschickt, da kam schon der nächste Anruf. Der Funker gab uns den Einsatz: „Häusliche Gewalt, da schlägt ein Betrunkener seine Frau zusammen, die Nachbarn haben uns alarmiert." Gut so, dachte ich, meist will sich ja keiner einmischen. So nach dem Motto: Was in den eigenen vier Wänden passiert, geht keinen was an, auch nicht die Polizei.

Das war früher ja sogar mehr oder weniger vor dem Richter so, doch zum Glück gilt das heute ja nicht mehr. Häusliche Gewalt, Vergewaltigung in der Ehe, Kindesmissbrauch, Rückkehrverbot. Alles Begriffe, die in unserem Alltag viel zu häufig vorkommen.

In diesem Fall war es eine polizeibekannte Adresse. Oft lief dort das gleiche Muster ab: Zechgelage in der Wohnung, danach schlägt der Mann seine Ehefrau. Und die kehrt immer wieder zu ihm zurück, völlig unverständlich. Harry meinte zur Leitstelle: „Das sind doch unsere alten Bekannten, die wir schon seit mehreren Jahren betreuen. Habt ihr keinen weiteren Streifenwagen in der Nähe, da droht doch wie immer massiver Widerstand?"

Der Funker hatte leider eine unbefriedigende Antwort für uns: „Nee, geht nicht, im Moment sind alle im Einsatz. Falls ihr trotzdem noch Hilfe braucht, dann meldet euch einfach noch mal, wenn ihr vor Ort seid." Also war es wie so oft: Wir beide mussten uns mal wieder auf uns selbst verlassen. Manchmal nicht die schlechteste Lösung.

Wir fuhren durch die Stadt, der Himmel war sternenklar, die Luft kalt. Eine schöne Nacht, in der man lieber mit seiner Frau einen Spaziergang machen sollte. Und sie nicht verhauen. Harry fuhr die Strecke fast wie im Schlaf, wir waren wirklich mindestens schon zehn Mal bei dieser Adresse gewesen. Ganz zu schweigen von den bestimmt 40 Einsätzen, die unsere Kollegen zu dieser Familie gefahren waren.

Als wir in der Nähe der Wohnung unseren Streifenwagen parkten, sagte ich zu Harry: „Echt nette Wohngegend, ich glaub, hier zieh ich auch mal hin." Ironie hilft einem manchmal ganz gut weiter in unserem Job, denn die nette Wohngegend sah so aus: Umgetretene und ausgekippte Mülltonnen, die Laternen waren defekt, überall lagen Abfälle rum, ein abgemeldeter Wagen mit eingeschlagenen Scheiben stand auf einer Wiese. Der Zettel mit der Sicherstellungsandrohung des Ordnungsamtes klebte orange leuchtend auf der Heckklappe.

Harry hatte einen skeptischen Gesichtsausdruck: „Du, Toto, als Rammbock vorne weg, wenn der Mann aggressiv wird, und ich nehme die Frau mit dem schlanken Fuß." Schon im Flur hörten wir das Gegröle aus der ersten Etage. Wir schlichen ohne Licht im Hausflur anzumachen bis kurz vor die Wohnungstür. Dann lauschten wir zunächst mal auf die Geräusche, die aus der Wohnung kamen. Wir hörten ihn grölen, sie wimmern.

Das nächste Geräusch klang, als wenn er sie wieder geschlagen hätte. Mein Herz schlug mir bis in den Hals. Die Anspannung, ja auch ein bisschen Angst vor dem, was jetzt kommt. Ich bin kein Mensch, der sich gerne körperlich auseinandersetzt, doch wenn es sein muss, um mich oder meinen Partner zu schützen, kann ich auch hart zuschlagen.

Am besten ist der Einsatz für uns aber immer dann gelaufen, wenn es ohne Gewalt abgegangen ist. Gut, dass wir vorige Woche noch Eingriffstechniken trainiert hatten und mir über die Jahre einige gute Griffe für immer in Erinnerung geblieben sind. Sie gehen einem in Fleisch und Blut über, der Körper erinnert sich, wenn es nötig wird. Und wenn ich Angst habe, dann bin ich doppelt gefährlich.

Jetzt waren wir ja auch zu zweit und uns beide, uns als Team, musst du erst einmal wegräumen.

Wir konzentrierten uns, sahen uns noch mal an und auf ein kurzes Nicken schmiss ich mich gegen die nur ins Schloss gezogene Tür, die sofort aufsprang. Man sah schon an der Zarge und am Türblech, dass wir schon öfter hier gewesen waren und offensichtlich auch mehrere Male diese Tür eingetreten hatten.

Ich schlich in den dunklen Flur, schweißnasse Hände, denn ich wusste, dass der jedem Polizisten bekannte und vorbestrafte Hausherr ein kräftiger, bestimmt 125 Kilo schwerer Alkoholiker war, der gerne mal einen altdeutschen Umschlag verteilte. So nannte er nämlich Ohrfeigen.

Harry tastete sich, das Reizstoffsprühgerät in der Hand, hinter mir her. Wir näherten uns der verdreckten Küche, das Radio plärrte einen Song von den Toten Hosen. Ich schaute vorsichtig um die Ecke und da sah ich sie schon. Sie sah leider aus wie immer, aber warum, verdammt noch mal, verließ sie diesen miesen Schläger auch nicht. Geld konnte keine Rolle spielen, bei diesen asozialen Verhältnissen.

Lieben konnte sie diesen Typen doch nicht, ergab sie sich vielleicht einfach in ihr Schicksal? Weil sie nichts anderes kannte? Fragen über Fragen, auf die wir heute bestimmt auch wieder keine Antworten bekommen würden. Und wahrscheinlich würde die Dame des Hauses auch wie immer nach ein paar Tagen zu ihrem brutalen Ehemann zurückkehren.

Die Hausfrau wankte uns wimmernd entgegen. Sie sah regelrecht entstellt aus. Das blaue Auge schimmerte zwischen violett und dunkelrot, die geschwollene Jochbeinprellung schimmerte rötlich und die aufgeplatzte blutende Oberlippe ließ mich erschaudern.

Er hatte mal wieder nichts ausgelassen, seinem Gewaltausbruch freien Lauf gelassen; auf seine eigene Ehefrau eingeprügelt, als wäre sie ein Stück Dreck. Wie immer fragte ich mich: „Wie tief muss ein Mensch sinken, um Frauen zu schlagen?"

Harry fasste die Frau an den ebenfalls blutunterlaufenen Armen und fragte sie leise: „Wo ist er?" Sie deutete auf das Wohnzimmer und ging ein wenig zur Seite. Dann sagte sie schluchzend: „Nehmt den Dreckskerl bloß mit, der hat mich mal wieder zusammengeschlagen! Ich kann nicht mehr." Dann wankte sie langsam Richtung Wohnungsflur.

Harry steckte vorsichtig den Kopf durch die Tür zum Wohnzimmer. Ich machte mich sprungbereit, meine Muskeln waren angespannt und mein Adrenalinspiegel im roten Bereich angekommen. Denn wir wussten aus leidiger Erfahrung: Der Herr des Hauses macht auch vor Polizisten nicht halt. Oder erst recht nicht.

Dann sahen wir den Schläger. Er war nach seinem mutigen Angriff auf seine Liebste ganz offensichtlich im Ohrensessel eingeschlafen. War ja bestimmt auch anstrengend gewesen, eine Frau zu vermöbeln. Das grobschlächtige Kinn lag auf der Brust, Sabber lief ihm aus dem Mundwinkel, in der rechten Hand hielt er auch im Schlaf noch die Flasche Whisky fest.

Den Vorteil nutzen wir blitzschnell aus. Ohne ein Wort war sofort klar, wie wir vorgehen. Harry begann mit der Fesselung der Hände, ich fixierte seine Beine. Doch plötzlich kam alles anders, in dem Fall so absurd, wie man einfach nicht denken konnte. Mit Getöse schoss die misshandelte Frau um die Ecke und sprang mich sofort an.

Wir waren so perplex, dass wir den halb gefesselten Herrn des Hauses erst einmal wieder auf den Ohrensessel sacken ließen. Harry sagte völlig geschockt: „Toto, du hast da eine dicke Frau auf dem Rücken." Ich packte sie sofort am Arm, zog daran, wollte sie von mir runterkriegen. Doch sie hing an mir wie eine Klette.

Jetzt wurde natürlich auch noch der Alte aus seinem Alkoholrausch wach und wir hatten nun alle Hände voll zu tun. Ich schüttelte die Frau am Türrahmen ab, die mir permanent ins Ohr schrie: „Lasst meinen Schatzibär in Ruhe!" Ich dachte, ich höre nicht richtig. „Schatzibär", dafür fehlte mir nun wirklich jegliches Verständnis. Erst flüsterte sie leidend und blutverschmiert: „Nehmt den Dreckskerl bloß mit!" und jetzt, wo wir ihn mitnehmen wollen, tut er ihr leid und sie springt für ihren Peiniger in die Bresche. Wahnsinn!

Soweit kann es nur kommen, wenn man alkohol- oder drogenabhängig ist. Man lebt von Stütze, guckt den ganzen Tag Fernsehen und kippt ein Glas nach dem anderen. Oder man trinkt, wie der Hausherr, direkt aus der Whisky-Pulle. Willkommen in der viel zitierten Unterschicht, dachte ich. Ich konnte also die Frau abschütteln und Harry hatte ihn zu Boden gebracht. Betrunkene Menschen reagieren eben viel langsamer, das muss man gezielt ausnutzen.

Die Frau schmiss sich nun jammernd auf den Boden, einen angebotenen Rettungswagen wollte sie nicht: „Ich lasse mich im Krankenhaus sowieso nicht behandeln. Ihr seid schuld, dass jetzt alles so ist. Was soll ich ohne meinen Schatzibär denn machen? Ihr seid so mies."

Ich wollte gerne antworten: „Vielleicht würdest du ohne deinen Schatzibär mal ohne Blessuren durch den Tag kommen. Und überleg mal, wer hier die Schuld am Geschehenen hat." Aber ich ließ es, diese Argumente wären bei ihr sowieso nicht angekommen. Sie hätte nur weiter gezetert und geschrien. Und daran hatten wir bestimmt kein großes Interesse.

Der Herr wurde mit „einfacher körperlicher Gewalt", wie es im Amtsdeutsch heißt, und Handschellen auf dem Rücken in den grün-weißen Bulli gezogen und geschoben. Dort setzte ich ihn in die Ecke der grauen Sitzbank und hielt ihn fest. Aber Gegenwehr war jetzt keine mehr zu spüren, offenbar hatte er sich in sein Schicksal ergeben. Und er wusste ja schließlich zur Genüge, was jetzt auf ihn zukam.

Zehn Minuten später fuhren wir durch das helle Präsidiums-Rolltor bis vor die Tür unseres Polizeigewahrsams. Harry stieg aus, öffnete die seitliche Schiebetür des Wagens und sagte genervt zu unserem Schläger: „Da kannste jetzt schön deinen Rausch ausschlafen und dir vielleicht endlich mal überlegen, was du wieder angerichtet hast, wie mies das eigentlich ist." Wer glaubte, der Schläger hätte jetzt eine Gefühlsregung gezeigt, musste sich eines Besseren belehren lassen. Er blickte stur und glasig auf den Boden.

Dann wurde er durchsucht und in die Zelle geführt. Ich belehrte ihn, dass er nun ein zehntägiges Rückkehrverbot in seine Wohnung bekam. „Wir passen auf, dass du dich daran hältst, verstanden?" sagte Harry. Er pöbelte sofort wieder los: „Ihr könnt mich mal, das ist meine Wohnung, da habt ihr mir gar keine Vorschriften zu machen. Und meine Frau ist doch froh, wenn ich wieder zurück bin." Da hatte er bekanntermaßen leider recht, sein Opfer war ja gleichzeitig auch sein Fürsprecher. Und wir als die Buhmänner dazwischen, verrückt.

Ein Arzt nahm eine Blutprobe und untersuchte kurz den Festgenommen. Es muss eine so genannte Gewahrsamsfähigkeit beim Verdächtigen oder Täter festgestellt werden. Er könnte ja krank oder durch die Festnahme verletzt worden sein. Im Polizeigewahrsam wird übrigens weiterhin mehrmals in der Stunde die Zelle kontrolliert und überwacht. Und wer länger bleibt, kriegt auch noch morgens eine Stulle und einen heißen Kaffee. Den Tätern geht es manchmal besser als den Opfern.

Wir gingen vom Gewahrsam in den Schreibraum und setzten uns vor den Computer. Natürlich wollte mein Rechner wieder nicht, ich musste mich vier Mal anmelden, bis er endlich das Anzeigenformular auf dem Bildschirm zeigte. „Sch … Technik", zischte ich. Harry meinte grinsend: „Nimm doch die alte Schreibmaschine hier vorne, dann hast du die Probleme nicht."

Das stimmte, aber dafür hatten wir früher noch ganz andere Probleme: einmal verschrieben bedeutete sofort ein neues Formular. Also alles noch mal von vorne. Da ist der Computer schon eine göttliche Segnung im Alltag, einfach den Satz löschen und gut ist es. Gerade wo uns der Schreibkram doch oftmals sehr aufhält und auch nervt.

Ich fasste also die erlebte Geschichte mit der häuslichen Gewalt in Worte und tippte fleißig auf der Tastatur. Ich war gerade bei der Situation, wie die Frau mich von hinten ansprang und dachte so bei mir: „Wenn die Kollegen von der Kripo das lesen, meinen die bestimmt, ich hätte sie nicht mehr alle und mir das ausgedacht", da kam Harry rein. Er war gerade beim Dienstgruppenleiter gewesen und hatte unsere leidige Geschichte mit den alten Bekannten erzählt. Harry stellte mir einen frischen Kaffee hin, die Tasse dampfte.

Dann sagte er: „Trink erstmal einen großen Schluck und dann rate mal, wer jetzt gerade vorne auf der Wache sitzt und flennt und bettelt, wir sollen ihr ihren Mann doch wiedergeben?" Ich sah an Harrys Augen, das war kein Scherz. „Echt wahr, die ist schon da, das ist aber neuer Rekord." Bislang tauchte sie nach ein bis zwei Tagen auf und wollte ihren „Schatzibär" auslösen, aber nach dem Auftritt heute überraschte mich nichts mehr.

Trotzdem war es absurd: Ich hatte den Vorgang also noch nicht ausformuliert, das Blut an der aufgeplatzten Lippe der Frau war kaum angetrocknet, da kam sie angedackelt und bat die Polizei, das Rückkehrverbot wieder aufzuheben. Obwohl ihr Mann sie zuvor mal wieder krankenhausreif geschlagen hatte und ihr ganzer Körper noch schmerzen musste.

Und natürlich würde er dann kurze Zeit später wieder genau da weitermachen, wo er aufgehört hatte. Nämlich ihr, weil sie angeblich irgendwas falsch machte, ins Gesicht schlagen und sie schikanieren. Und wir würden wieder mit Vollgas dahinrasen, um die Frau zu retten. Dass dabei der Frust in einem ins Unermessliche steigen kann, brauche ich wohl niemandem zu erklären.

„Pack schlägt sich, Pack verträgt sich", das hatte ich früher oft von meinem Ausbilder gehört, aber da ging es um Kneipenschläger. Die hauten sich erst die Nasen blutig, und wenn wir kamen, standen sie schon wieder friedlich beim Bier zusammen. Heute ist es leider so, dass die beiden Kontrahenten sich gerne bei unserem Eintreffen gemeinsam gegen die Polizei stellen. Wir wollen eigentlich schlichten und sind dann die Bösen.

Ich hatte während einer Kneipenschlägerei mal ein Messer im Schulterblatt stecken. Es nimmt keiner mehr Rücksicht und hat weder Respekt noch Achtung vor anderen, schon gar nicht vor der Polizei. Genau wie bei der Problemfamilie: Lassen Sie meinen Mann in Frieden. Doch vorher winselt sie: „Nehmen Sie den Dreckskerl bloß mit!"

So saßen wir noch einige Zeit vor dem Computer und ließen den verrückten Tag noch mal Revue passieren. Harry schrieb noch die Festnahme des Randalierers, dazu waren wir ja noch gar nicht gekommen. Ich feilte noch ein wenig am Anzeigentext zur häuslichen Gewalt. Allerdings lustlos, wusste ich doch jetzt schon, wie das Opfer aussagen würde und damit, wie gering die Strafe ausfallen würde. Mal wieder Überstunden, eigentlich für nichts, nur unsere Familien würden sich mal wieder freuen.

Und morgen müsste meine Frau auch noch die Klamotten in die Reinigung bringen. Die verprügelte Ehefrau hatte eine schöne Blutspur auf meiner Jacke hinterlassen, als sie mir auf den Rücken sprang. Nettes Dankeschön für den Einsatz, dachte ich, als ich zum Auto ging.

Ich setzte mich auf den kalten Fahrersitz, schaltete das Radio an und freute mich nur noch auf das warme Bett zu Hause. Wo meine Frau sehnsüchtig auf mich wartete. Und die unsere Geschichte vom Einsatz und der schnellen Sinneswandlung der verprügelten Ehefrau wahrscheinlich einfach nicht glauben würde.

Würde ich ja auch nicht, wenn ich nicht diesen Beruf hätte. In dem einem irgendwann nichts mehr fremd ist, weil das Leben die verrücktesten Geschichten schreibt.

Immer im Dienst

Auf meiner Armbanduhr war es genau 12.45 Uhr. Ich fuhr gerade mit meinem Auto über die belebten Straßen der Innenstadt zur Wache, der Spätdienst begann in einer halben Stunde. Toto und ich fuhren mal wieder den so genannten Frühwagen. Die Spätschicht beginnt nämlich immer um 14 Uhr, aber einige Kollegen wechseln ein wenig früher, andere ein wenig später. Sonst wären ja um Punkt 14 Uhr oder 22 Uhr, beim Beginn des Nachtdienstes, alle Polizisten in der Wache.

Man könnte sich ziemlich gut vorstellen, wie das die bösen Buben ausnutzen würden. Banküberfälle, Einbrüche oder Straßenraub, alles würde nur noch genau zu diesen Zeiten stattfinden. Weil die Polizei nicht in der Nähe sein könnte, alle Beamten säßen ja auf der Wache. Und deshalb gibt es die Früh- und Spätwagen.

Aufgrund des Regenwetters sah ich mich in Gedanken bereits auf einer Kreuzung stehen und einen Verkehrsunfall aufnehmen. Immer wieder unterschätzen Autofahrer die rutschige Fahrbahn und den längeren Bremsweg. Immer wieder kracht es gerade bei solch schlechtem Wetter. Ich fuhr die Hattinger Straße herunter und dann fiel mir ein: „Ach, du musst ja noch Geld vom Automaten holen."

Also hielt ich an der nächsten Sparkasse an, um ein paar Scheine von meinem Konto abzuheben. Glücklicherweise fand ich sofort einen Parkplatz unmittelbar vor dem Gebäude. „Was ein Glück", dachte ich. Ich wusste nicht, wie ich damit noch Recht haben sollte, aber in einem ganz anderen Sinne.

Als ich aus dem Wagen stieg, wurde ich auf eine ältere, sehr gebrechlich wirkende Dame aufmerksam, die gerade die Sparkasse verließ. Sie wollte ihren Regenschirm öffnen, die dicken Tropfen prallten schon auf ihr gut frisiertes, weißes Haar. Doch irgendwie klemmte der graue Knirps, die alte Frau wurde hektisch, drohte schon fast zu stolpern. Ich ließ sie nicht aus den Augen und war schon auf dem Sprung, ihr zu helfen.

Da passierte es: Ein junger, etwas dicklicher Mann kam schnell aus der Sparkasse herausgelaufen. Zügig ging er von hinten an die

Dame heran und griff ohne Vorwarnung blitzschnell nach ihrer Handtasche, die am rechten Unterarm der Rentnerin baumelte. Mit einem Ruck versuchte er, ihr die schwarze Ledertasche zu entreißen.

Mir schoss es durch den Kopf: „Ein Straßenraub, direkt vor meiner Nase, das gibt es doch gar nicht." Die Oma hielt die Tasche zunächst noch fest, verlor jedoch schnell das Gleichgewicht und fiel vornüber auf ihre Knie. Sie schrie verzweifelt und vor Schmerz laut auf, dann rief sie so laut wie sie konnte um Hilfe. Doch dann verließen sie ihre Kräfte und sie konnte ihre schwarze Handtasche nicht mehr festhalten. Der Typ entriss der alten Dame seine Beute mit beiden Händen und rannte los. Obwohl mehrere Passanten die Situation beobachtet hatten, machte niemand Anstalten, einzugreifen oder wenigstens der alten Dame zu helfen.

Ich zögerte kurz und blickte zuerst auf die am Boden liegende, schluchzende Rentnerin. Wenn sie durch den Sturz Verletzungen davon getragen hatte, würden diese meiner ersten Einschätzung nach nicht so schlimm sein. Deshalb entschloss ich mich: „Den dreisten Räuber packst du, das biste der alten Dame schuldig."

Ich rannte los und begann, den Gauner zu verfolgen. Ich spurtete ihm nach, doch der Bengel war verdammt schnell. Wütend schrie ich „Bleib stehen, du Mistkerl! Polizei!" Damit hatte er wohl nicht gerechnet, dass ihn ein Polizist auf frischer Tat ertappt hatte und ihm nun auch noch im Nacken hing.

Er blickte sich gehetzt nach mir um und war dadurch einen Moment lang abgelenkt. Noch zwei schnelle Schritte und dann trat er mit seinem rechten Fuß mit voller Wucht gegen eine Bordsteinkante. Durch den Aufprall verlor er sein Gleichgewicht, strauchelte und fiel der Länge nach auf den harten, mit kleinen Pfützen bedeckten Asphalt.

Es war ein eigenartiges, aber befriedigendes Geräusch. Noch bevor der Räuber sich wieder aufrappeln konnte, hatte ich ihn schon erreicht. Ich warf mich mit meinem Körper auf ihn, damit er keine Chance zu einer weiteren Flucht hatte.

Sein Gesicht war von Panik gezeichnet und ich konnte mir vorstellen, welche Gedanken ihm in diesem Moment durch den Kopf gingen. Vermutlich so was wie: „Wo kommt der denn jetzt her, ist der wirklich Bulle? Mann, was ein Mist." Mir gelang es, ihn bäuchlings am Boden zu halten, indem ich ihm seinen rechten Arm auf den Rücken drehte und mich selbst auf seinem Körper abstützte. Mit meinem linken Knie übte ich Druck auf sein Becken aus, während mein rechter Unterschenkel auf seiner Schulter ruhte. Solche Griffe zur Täterfixierung lernt man in der Ausbildung. Denn wichtig dabei ist nicht nur die Eigensicherung, sondern auch, den Täter nicht unnötig zu verletzen oder ihm die Luft abzudrücken.

Der Typ war ein großer, stämmiger Bursche und er wirkte insgesamt sehr ungepflegt. Schwer atmend und schnaufend drehte er sein mit Pusteln übersätes Gesicht in meine Richtung und ein starker, widerlicher Alkoholgestank wehte aus seinem Mund in meine Richtung.

Jetzt erkannte ich ihn. In der Vergangenheit war ich dienstlich bereits mehrfach mit ihm konfrontiert worden. Schon als Jugendlicher war er Mitglied in einer „Gang" gewesen, die Bochums Straßen unsicher gemacht hatte. Und er war, genau wie die anderen Mitglieder der Bande, immer wieder wegen Diebstählen, wüsten Schlägereien und verschiedener Sachbeschädigungen aufgefallen und deshalb erst auf unserer Wache und schließlich in der Gewahrsamszelle gelandet.

Zahlreiche Sozialstunden und kleinere Haftstrafen hatten bei ihm offenbar nicht gefruchtet. Zusätzlich war er mittlerweile vom Alkohol und von harten Drogen wie Heroin abhängig und finanzierte seine Sucht durch die so genannte Beschaffungskriminalität. Also beispielsweise durch Ladendiebstahl oder wie heute durch einen hinterhältigen Handtaschenraub. Drogen kosten nun mal viel Geld.

Nun lag der Mistkerl unter mir und ich hatte erhebliche Probleme, ihn am Boden zu halten. Der Typ wand sich und versuchte immer wieder, sich aus meinem Griff zu lösen. Schließlich wusste er ja, was ihm jetzt drohte. Und wahrscheinlich brauchte er dringend Stoff.

Zusätzlich wurde mir bewusst, dass ich erhöhte Vorsicht walten lassen musste, denn gerade „Junkies" leiden meist unter schwerwiegenden und ansteckenden Krankheiten wie Hepatitis oder HIV. Ich musste also höllisch aufpassen, dass ich mich nicht verletzen und dadurch vielleicht anstecken würde.

Außerdem brauchte ich langsam mal dringend Hilfe, denn ewig würde ich den Täter nicht am Boden halten können. Wütend und fassungslos nahm ich zur Kenntnis, dass die Passanten einfach teilnahmslos dastanden oder stumpf an uns vorüber gingen, ohne etwas zu unternehmen. Bloß nicht einmischen! Bloß keinen Ärger! Geht mich doch nichts an!

Erst nachdem ich einen jungen Mann laut ansprach und mich ihm gegenüber als Polizeibeamter zu erkennen gab, reagierte dieser Zeuge.

Er kam zu mir und fragte: „Was soll ich tun?" Ich sagte ihm knapp: „Los, nimm dein Handy und ruf meine Kollegen an. Einfach 110 und sag denen, ein Polizeibeamter braucht Hilfe!" Er zückte sein Mobiltelefon und sprach hektisch hinein.

Dem Straßenräuber wurde in diesem Moment bewusst, dass die Luft nun immer dünner wurde und er versuchte erneut mit aller Kraft, sich gegen das für ihn drohende Übel zu wehren. Nämlich gegen das Erscheinen von weiteren Polizisten und den anschließenden Gang in die gefliese Zelle.

Plötzlich wollt er besonders clever sein und fing lauthals an zu schreien: „Aua! Hilfe! Warum hilft mir denn niemand? Der Typ hat mich überfallen, der tut mir weh und behauptet, er sei Polizist! Hilfe, bitte helfen Sie mir doch! Ich bin das Opfer."

Sein albernes und offensichtliches Schauspiel zeigte aber leider bereits nach kurzer Zeit Wirkung. Denn plötzlich stand ein älterer Mann mit seinem hoch erhobenen Krückstock neben mir und ergriff Partei für den Schreihals. Er forderte mich auf, den „armen Mann" doch endlich loszulassen und wies mit seinem braunen Holzstock drohend in meine Richtung. Das hatte mir nun auch noch gefehlt, denn jetzt musste ich mich nicht nur auf den Räuber, sondern auch noch auf den Stockträger konzentrieren.

Ich erklärte ihm, wer ich sei und was sich zuvor ereignet hatte, doch das schien den Rentner gar nicht zu interessieren. Vielmehr wurden seine Bewegungen immer hektischer und der Stock kam mir bedrohlich nahe. Zum Glück erschien jetzt die ältere Dame, das wirkliche Überfallopfer, gestützt durch zwei Passanten. Sofort griff sie ein und rief: „Der freche Lümmel hat mir die Handtasche mit meiner ganzen Rente geklaut. Jetzt lassen Sie doch endlich den mutigen Schutzmann zu Frieden, sonst bekommen Sie es gleich mit mir zu tun, Sie alter Wichtigtuer!"

Sofort wich der vermeintliche Lebensretter einen Schritt zurück und nahm seinen Stock runter. Leise brabbelte er was von „wollte nur helfen" und „wusste ich doch nicht", dann stellte er sich zu den anderen, immer zahlreicher werdenden Schaulustigen.

Ich hörte die rüstige alte Dame sagen: „Du Bengel, das hätte es zu meiner Zeit nicht gegeben, eine alte Frau einfach zu Boden zu schubsen. Hast du denn gar keinen Respekt vor dem Alter?" Zur Unterstützung ihrer Worte fuchtelte sie mit ihrem mittlerweile offenen Regenschirm. Ein leichtes Lächeln konnte ich mir aufgrund der grotesken Situation und der Vorstellung, dass sich die beiden älteren Herrschaften auch noch fast mit Regenschirm und Krückstock duelliert hätten, nicht verkneifen.

Die folgenden Minuten zogen sich wie Kaugummi und ich war wirklich erleichtert, als ich endlich das Geräusch eines nahenden Martinshorns vernahm. In dieser Situation habe ich aber mal am eigenen Leib erfahren, wie endlos lang drei Minuten sein können, wenn man auf Hilfe wartet. Es ist ein Gefühl, als käme sie gar nicht mehr.

Noch schlimmer ist das bei Verkehrsunfällen, wenn schwer verletzte Opfer um ihr Leben kämpfen. Und die Zeugen dann später meinen, der Notarzt hätte mindestens eine Viertelstunde zum Unfallort gebraucht, dabei waren es gerade mal vier Minuten. Man vergisst in Panik und Angst Zeit und Raum, wenige Sekunden werden dann zu quälend langen Minuten.

Kurz darauf hielt ein Streifenwagen mit flackerndem Blaulicht unmittelbar neben uns und zwei Kollegen, Linus und Steffi, sprangen heraus. Sofort liefen sie zu mir und übernahmen den am Boden fixierten Räuber. Danach konnte ich zum ersten Mal kurz durchatmen, denn die zwei kümmerten sich weiter um den Täter. Linus legte ihm Handfesseln an und zusammen mit Steffi beförderte er den lauthals schimpfenden Mistkerl auf die Rückbank des Streifenwagens.

Aber auch da gab er keine Ruhe, motzte rum und trat gegen die Türverkleidung. Linus rief scharf: „Freundchen, hör sofort auf, sonst komm ich dir gleich da rein." Dann guckte er zu mir und meinte grinsend: „Nicht schlecht, mein Lieber, aber beginnt dein Dienst nicht gleich erst? Oder war das jetzt der frühe Frühwagen?"

Ich grinste zurück und drehte mich um zur alten Dame. Vor mir auf dem Boden lag ihre Handtasche. Ich hob sie auf und reichte sie der Rentnerin mit den aufgeschlagenen Knien. Dicke Tränen kullerten über das faltige Gesicht, sie nahm mich in die Arme und drückte mich ganz fest an sich. „Respekt", dachte ich, „was die noch für Kräfte hat." Dieser Moment entschädigte mich für all die Anstrengungen und Ängste, die ich noch kurz zuvor gehabt hatte. Und auch für die mittlerweile völlig nassen Klamotten, die an meinem Körper nur so klebten.

Später auf der Wache merkte ich, dass sogar meine Unterhose ganz nass geworden war. Aber nicht, dass jetzt jemand denkt, ich hätte mir vor lauter Angst in die Hose gemacht. Es war wirklich der Regen, der mir langsam überall rein gelaufen war.

Der alte Mann mit dem Krückstock hatte sich übrigens ohne ein Wort der Entschuldigung aus dem Staub gemacht. Zu gerne hätte ich noch ein paar Worte mit ihm gewechselt. Obwohl, wahrscheinlich hatte er die Situation nicht richtig erkannt und wollte wirklich nur helfen.

Wie ich später erfuhr, hatten sich in der Handtasche 1.200 Euro befunden. Das war wirklich die komplette Rente der alten Dame. Sie sagte mir, sie bewahre das Geld immer gerne zu Hause auf.

Auf meinen Einwand, sie sähe ja jetzt, wie gefährlich das sei, kam die bestimmte Antwort: „Bei den Banken weiß man ja nie, was da so passiert. Junger Mann, ich habe schon eine Weltwirtschaftskrise erlebt, da war das Geld abends nur noch ein Zehntel wert, ich trau denen nicht."

Ich rang ihr immerhin aber das Versprechen ab, in Zukunft nur noch kleinere Bargeldbeträge vom Konto abzuheben. Und dass sie nicht alleine gehen würde, sondern mit einer Nachbarin.

Kurz darauf wurde sie von einem herbeigerufenen Rettungswagen zum Bergmannsheil-Krankenhaus gebracht. Zum Glück konnte sie nach kurzer ambulanter Behandlung wieder entlassen werden. Sie hatte sich nur ein paar Schürfwunden an ihren Beinen und Armen zugezogen, sonst nichts.

Bei solchen Überfällen und daraus folgenden Stürzen alter Menschen haben wir leider schon anderes erlebt. Häufig kommt es zu komplizierten Brüchen, die alten Menschen werden durch die Tat zum Pflegefall. Deswegen gibt es für uns auch kaum etwas Schlimmeres als miese Täter, die alte Leute überfallen und brutal schlagen. Wie tief muss man sinken, denken die denn nie an ihre eigenen Großeltern?

Ich ging zurück zu meinem Auto und fuhr pitschnass zum Präsidium. Im Wagen fiel mir ein: „Mist, hast ja gar kein Geld abgehoben. Na, Toto wird mir schon was für ein Brötchen oder eine Currywurst leihen." Meine bessere Polizeihälfte Toto wartete bereits an der Tür auf mich. Mein Spätdienst hatte ja eigentlich schon seit zehn Minuten begonnen.

Als er mich sah, wollte er erst gespielt grimmig gucken, dann musste er doch grinsen: „Na, zu spät. Ja, ja, hab schon gehört, dass du der Held des Tages bist." Dann schlug er mir herzlich auf die Schulter: „Umarmen werde ich dich erst später, im Moment bist du mir einfach zu nass." Lachend gab ich zurück: „Ach so, soweit reicht unsere tiefe Männerliebe dann also doch nicht."

Dann ging ich in den Keller der Wache zu meinem Spind, zog die nassen Klamotten aus und die grüne Uniform an. Schmunzelnd dachte ich dabei: „Die braucht man eigentlich gar nicht, man ist als Polizist ja immer und überall im Dienst. So oder so."

Sex & Crime oder:
Kuriose Gestalten im Großstadtrevier

An einem kühlen Samstagmorgen fuhren wir im Frühdienst wie immer zuerst zu unserem Metzger Kruse. Es geht nichts über ein knuspriges Brötchen mit frischer Fleischwurst. Gerade hatte Harry sich noch eine BILD-Zeitung unter den Arm geklemmt, da ertönte auch schon die Stimme der Leitstelle aus dem Lautsprecher: „Toto, Harry, fahrt mal schnell in die Innenstadt, dorthin sind auch schon Notarzt und Rettungswagen auf dem Weg. Jemand hat einen Herzinfarkt und da ist wohl einiges ungewöhnlich in der Wohnung. Schaut euch das doch mal bitte an."

Wir sprangen in den Steifenwagen, warfen die Brötchentüten auf die Rückbank und düsten los. Mit Sonder- und Wegerechten, also mit Blaulicht und Martinshorn, ging es durch die Stadt. Zum Glück war es nicht weit vom Metzger bis zum Einsatzort, und beim Eintreffen sahen wir schon den Rettungswagen vor dem Haus stehen.

Da ist jeder Schutzmann froh, wenn die Profis von der Feuerwehr und der Notarzt als erstes am Unglücksort sind. Wir haben zwar alle eine Erste-Hilfe-Ausbildung, aber im Ernstfall ein Opfer zu reanimieren ist sehr schwer. Im Notfall wird das natürlich auch von uns verlangt, das ist aber die schlimmste Stresssituation, die man sich vorstellen kann. Allerdings: wenn ich mal verletzt da liegen würde, nach Unfall oder Überfall, möchte ich ja auch, dass mir sofort geholfen wird.

Wir stellten den Bulli hinter dem Rettungswagen ab und liefen in den zweiten Stock, da kam uns der Notarzt schon entgegen. „Alles halb so schlimm, der hatte nur einen leichten Kreislaufkollaps, das Herz schlägt im Normaltakt." Grinsend verabschiedete sich der Notarzt, wir gingen weiter durch die Wohnungstür.

Ich schaute um die Ecke und sah den Patienten auf dem Sofa liegen. Er hatte eine kleine Infusion im rechten Arm und lächelte mich schelmisch an. „Nanu, den kenn ich doch", dachte ich. Dann stieß ich Harry an und fragte ihn: „Kommt der Herr dir nicht auch bekannt vor?"

„Na klar", sagte Harry. „Das ist doch unser lieber Karl-Heinz aus dem Ankerplatz." Der „Ankerplatz" ist ein altbekanntes Lokal, wo sich gerne Homosexuelle treffen. Karl-Heinz und sein Freund oder mittlerweile sogar Mann sind dort die Gastwirte. Und sie sind für ihre wilden Fêten nicht nur in Bochum bekannt.

Als wir das erste Mal wegen einer angeblichen Belästigung in die berühmt-berüchtigte Kneipe kamen, wurden wir von oben bis unten begutachtet. Man stand offensichtlich auf gut gebaute Typen in Uniform und mit Handschellen. Der Herr an der Theke musterte Harry zunächst intensiv, strich sich sein violettes Seidenhemd glatt und leckte sich über die leicht geschminkten Lippen. Harry, der das aus seinen Augenwinkeln auch gesehen hatte, wurde offensichtlich mulmig zumute, denn er stellte sich sofort mit dem Rücken zur Theke. So hatte er alles im Blick und war auch vor Attacken von hinten gefeit.

Ein anderer Gast erklärte Harry erst einmal den Sachverhalt. Er erzählte irgendwas von Knutschen und der Wirt hätte dabei ein Video gemacht und das wolle er nicht. Harry kam offensichtlich nicht so recht mit und drehte sich zum Wirt herum.

Dieser war der bereits erwähnte Lebenspartner von Karl-Heinz. Auch er trug ein Seidenhemd, allerdings mit wallenden Rüschen und in einem dunklen Bordeaux-Rot. Seine Fingernägel waren frisch mit dem passenden roten Nagellack bemalt und das Haar war mit Gel nach hinten gekämmt.

Er schilderte, dass der motzende Gast in seiner Bierlaune mit einem anderen Mann mächtig geknutscht hätte. Dabei hätte man sich auch gestreichelt und überall angefasst. Das hatte der Wirt, davon vielleicht erregt oder einfach nur interessiert, in Bild und Ton festgehalten. Und die Kassette wollte der Schreihals nun haben. Er klagte auf das Recht am eigenen Bild. Nun – wo er Recht hatte, hatte er Recht.

Wir vereinbarten den Austausch der Kassette und machten uns damals schnell wieder vom Acker. Nichts gegen Homosexuelle, doch wie ist das, wenn Schnauzbart auf Schnauzbart trifft? Und

wir wollten nicht auch noch geknutscht werden. Und in Uniform waren wir auf eine ganz besondere Art attraktiv für die anwesenden Herren im „Ankerplatz".

Und da war er nun wieder, unser Karl-Heinz, der jetzt offenbar eine gesundheitliche Krise hatte. Wir befragten ihn kurz, welchen Grund sein Kreislaufkollaps denn gehabt habe. Süffisant säuselte er: „Ach, das wollt ihr doch gar nicht wissen. Nur soviel, ich werde nicht jünger. Und der Grund für meinen kurzen Aussetzer ist gerade einkaufen. Sektchen, ist gut für meinen Kreislauf."

Da hatte Karl-Heinz doppelt Recht, das wollten wir gar nicht wissen. Und Sekt ist wirklich gut für den Kreislauf. Nach der Verabschiedung gingen wir schmunzelnd die Treppe runter und stiegen wieder in unseren Streifenwagen. Jetzt konnten wir unser unterbrochenes Frühstück mit den Fleischwurstbrötchen wenigstens fortführen. Wir ahnten nicht, dass wir schon bald wieder mit Karl-Heinz zu tun haben würden.

Nachdem wir der Leitstelle unser Einsatzende gemeldet hatten, machten wir uns auf den Weg zur Tankstelle. Kaum hatte ich den

Zapfstutzen in den Wagen geschoben, da sagte Harry: „Komm, beeil dich, wir haben den nächsten Einsatz. Alarmauslösung in einem Schuhladen." Sofort riss ich den Zapfhahn wieder raus, rannte in die Tanke, unterschrieb für die gerade mal sechs Liter und los ging es. Wir fuhren wieder in dieselbe Richtung zurück, heute waren alle Einsätze offenbar im Bereich unseres schönen Schauspielhauses.

Beim Eintreffen hörten wir schon den akustischen Alarm und sahen, wie sich das rote Außenlämpchen blinkend drehte. Wir schauten uns die Außenfront an, konnten aber keinerlei Aufbruchsspuren finden. Harry hatte über die Wache die Laden-Inhaberin ausfindig gemacht. Die sollte angeblich auch schon auf dem Weg zu uns sein.

Es dauerte aber noch über eine halbe Stunde, dann hörte ich plötzlich quietschende Reifen und ein rotes BMW-Cabrio schoss von der Straße auf den Gehweg. Dann sah ich auch, warum es so lange gedauert hatte. Aus dem Auto stieg ein hoch toupierter Bienenkorb, der auf Stöckelschuhen auf mich zukam. Die Chefin höchstpersönlich, mit ziemlich gewagter Frisur und heißem Outfit.

Lederrock und enge Bluse. Bis man so aussieht, verbringt man nun mal einige Zeit vor Spiegel und Kleiderschrank.

„Zeigen Sie erst einmal Ihre Dienstausweise!" Das waren lautstark ihre ersten Worte. „Die kann aber bestimmt noch viel strenger sein", sagte Harry leise. So was hatte ich auch noch nicht erlebt: Wir stehen an unserem Streifenwagen in voller Uniform, und sollen erstmal unsere Ausweise zeigen. Dachte die, wir wären vorher noch bei einem Kostümverleih gewesen?

„Das ist ja auch mal was anderes", sagte Harry und fummelte in seinem Portmonee herum. Als ich meinen Ausweis in der Hand hielt, sagte ich entschuldigend zu der Ladenchefin: „Auf dem Foto erkennen Sie mich sowieso nicht mehr, da dürfte die Uniform schon eher ein Beweis sein." Auf dem alten Bild hatte ich meine Haare seitlich kurz und hinten schulterlang, eingerahmt von einer leichten Rechtstolle vor Kopf.

Die Dame akzeptierte uns glücklicherweise dann doch endlich und schloss ihr Geschäft auf. Es war natürlich ein Fehlalarm gewesen. Ein Klappfenster war nicht richtig verschlossen gewesen und durch den Wind etwas aufgedrückt worden. Das hatte gereicht, um den Bewegungssensor und dadurch den Alarm auszulösen.

„Wir schicken Ihnen die Rechnung dann zu", rief ich dem schön frisierten Bienenkorb zu. Irgendwie erinnerte mich die Frisur an die Gruppe „B 52", das war eine tolle Zeit, da winkte Harry schon wieder. „Komm, geht schon wieder weiter. Gerade kam über Funk, in der Nähe hat einer drei Autos und eine Baustelle komplett zusammen geschoben und ist einfach abgehauen. Wir haben das Kennzeichen und fahnden mit."

Eine Zeugin hatte einen augenscheinlich völlig betrunkenen Mann dabei beobachtet, wie dieser mit einer Brötchentüte bewaffnet in einen alten Mercedes stieg und davon fuhr. Leider bekam er die erste Rechtskurve nicht rechtzeitig und fuhr mit überhöhter Geschwindigkeit in die dort geparkten Autos. Und als wenn das nicht schon genug wäre, donnerte er weiter und schob auch noch eine dahinter liegende Baustelle komplett zusammen.

Dann stieg der Amokfahrer nach Zeugenaussage in aller Seelenruhe aus, schaute sich seinen kaputten Daimler an, schmiss die umgefahrenen Absperrschilder dreist in die Grube und fuhr einfach weiter. Als wäre nichts passiert. Schlimm genug, wenn Leute nach einem Parkrempler weiterfahren, ohne sich um den Schaden zu kümmern. Aber nach so einem Crash abzuhauen, das war mehr als ungewöhnlich.

„So, und nun rate mal, wem der Mercedes gehört", sagte Harry und machte auf der Schauspielhauskreuzung mit quietschenden Reifen eine Rockford-Wende, also ganz wie im amerikanischen Krimi. Mir wurde ganz komisch in der Magengrube, aber schließlich mussten wir schnell in die andere Richtung.

„Weiß ich doch nicht." Ich versuchte, mein in den Fußraum gefallenes Klemmbrett wieder aufzuheben, doch das war bei Harrys Fahrstil nicht so einfach. Harry sagte: „Unserem Karl-Heinz!" Dem Gastwirt? Ich stutzte. Lebte der denn wieder? „Der sah doch eben noch so blass und schlecht aus? Oder ist wieder sein Kreislauf schuld?"

Schon parkten wir vor dem engen Garagenhof am Haus der beiden sich liebenden Gastwirte. Schon von weitem hörten wir Karl-Heinz' bessere Hälfte lauthals schreien: „Was hast du nur gemacht? Kalle, du solltest doch nur Brötchen holen und zwar mit dem Rad und nicht mit dem Auto. Du hast doch mindestens eine Flasche Prosecco getrunken. Und wie sieht unser schöner Mercedes nur aus? Der ist doch ein seltenes Sammlerstück. Den Kotflügel kriege ich nie wieder so hin!"

Somit hatten wir das Geständnis zur Unfallflucht schon aus der Ferne gehört. Als wir an den Garagen ankamen, stand der „böse" Karl-Heinz schuldbewusst mit gesenktem Kopf neben seinem grünmetallic-farbenen Mercedes. Die ganze Kühlerhaube, die Stoßstange und die beiden Kotflügel waren demoliert und verkratzt. Selbst die Fahrertür war noch recht ramponiert.

Karl-Heinz' Freund – oder Gatte, wir wussten das immer noch nicht so genau – begann sofort zu lamentieren: „Der Kalle ist krank, der wollte das nicht, den dürfen Sie nicht mitnehmen." Doch das nutzte verständlicherweise nichts. Der betrunkene Gastwirt musste mit zur Wache und dort sofort seinen Führerschein abgeben.

In der Schreibstube sagte er leise zu Harry: „Du, mein Süßer, kannste nachher bitte mit zu mir kommen." Harry verdrehte die Augen und lehnte sofort dankend ab: „Ich bin verheiratet, mit einer Frau." Die prompte Antwort: „Das sind doch die Schlimmsten. Aber deshalb brauche ich dich nicht, Süßer, du sollst nachher bei mir zu Hause meinen Schatz beruhigen. Das kaputte Auto und der verlorene Führerschein sind nämlich mein kleineres Problem, der Gerhard kann so grob werden, wenn der böse auf mich ist. Da brauche ich doch einen ganz starken Schutzmann, der gut auf mich aufpasst."

Ich musste so schallend laut lachen, dass andere Kollegen in unsere Schreibstube guckten und fragten, was los sei. Meine Antwort: „Da fragt doch mal den Harry, unseren ganz starken Schutzmann."

Ähnlich skurril war ein Einsatz in der Bochumer Innenstadt, nachts um halb drei. Angeblich sollten sich noch Personen in einer bereits geschlossenen Gaststätte aufhalten. Einbrecher? Betrunkene? Wir wussten es nicht.

Mit Blaulicht jagten wir durch die uns so vertraute Stadt, durch die leere Fußgängerzone und parkten vor dem dortigen „Beate-Uhse-Sexshop", 100 Meter vor der Kneipe.

Das nennt man verdeckte Anfahrt. Man fährt leise mit dem Streifenwagen erst mal in die Nähe des Tatorts und schleicht sich dann heran.

Harry schob mich am ersten erleuchteten Fenster vorbei Richtung Kneipe. Ich hatte im Fenster des Sexshops eine groteske Ansammlung von riesigen Dildos gesehen, worauf mir der Atem stockte. Wer konnte so etwas nur wollen? Aber Sekunden später erreichten wir auch schon die vordere Front der Kneipe, da waren meine Gedanken wieder bei dem möglichen Einbrecher.

Alle Türen und Fenster auf dieser Seite waren verschlossen, wir hörten auch nichts. Wir rannten um das Gebäude, auf Eigensicherung bedacht. Denn ein Einbrecher konnte ja auch bewaffnet sein. Und einen zweiten Streifenwagen bekamen wir erstmal nicht, es war zuviel los in unserem Revier, alle hatten Einsätze.

Also rannten wir zusammen durch die dunkle Trankgasse und blieben plötzlich stehen. Man konnte von dieser Einfahrt in den

Innenhofbereich schauen, wo die Fenster der Gaststätte ein wenig von der grellen Außenbeleuchtung erhellt waren.

Eine dunkle Gestalt zeichnete sich wie ein Schatten in einem offen stehenden Fenster ab. Harry leuchtete diese Person mit seiner großen Taschenlampe an und rief: „Polizei! Keine Bewegung! Wir kommen zu Ihnen!" Der Typ grinste uns frech an, hob ein Bierglas und meinte: „Bleib ganz ruhig, Alter. Ich trink eben noch aus und dann komm ich nach vorne raus."

Das konnte doch kein Einbrecher sein, der so abgezockt war und locker blieb. Wie sich herausstellte, war der Typ angetrunken auf der Damentoilette eingeschlafen und man hatte ihn beim Abschließen nicht entdeckt. Wir baten ihn, das Fenster von innen zu verschließen. Dann sollte er ruhig an der Theke sitzen bleiben, wir würden den Gastwirt verständigen.

Wieder an der Vorderseite angekommen, funkte Harry schon die Wache an, um alles Notwendige einzuleiten. Ich sah gerade noch, wie sich der Typ in aller Ruhe ein weiteres Bier selbst zapfte, mir zuprostete und sich artig an die Theke setzte. Er fühlte sich offensichtlich wohl, kein Warten aufs Bier, kein teurer Deckel. Gerade steckte er sich eine Zigarette an, als Harry mich kräftig schüttelte.

Warum riss mir mein Freund und Helfer an der Dienst-Lederjacke? „Toto, schau dir das mal bitte an." Dann zeigte Harry mit erhobenem Finger auf das neben dem Hauptbahnhof stehende Hotel. Man konnte von der gegenüberliegenden Seite, die sich etwas höher gelegen befand, in die hell erleuchtete erste Etage des Hotels schauen. Doch was wollte Harry mir da zeigen? Auf meine Frage: „Was ist denn da, ich sehe gar nichts!", kam Harrys Antwort: „Da, im Fenster oben links, im Hotel, unglaublich."

Ich sah, dass dort wohl eine Jugendgruppe ihr Unwesen trieb. Einige Kids hingen in den Fenstern, unterhielten sich lachend, rauchten und tranken Bier. Bestimmt Klassenfahrt. Harry meinte nur: „Bist du blind oder was? Schau doch mal auf das letzte Fenster dort!"

Dann sah ich es endlich auch, manchmal bin ich eben ein Spätmerker. Im letzten beleuchteten Fenster vergnügten sich gerade zwei splitternackte Jugendliche. Und nicht nur, dass sie sich fast in die Köpfe bissen. Nein, sie verkehrten so heftig miteinander, dass sie aus dem Fenster zu fallen drohten. Sie konnten sich in ihrer Ekstase gerade noch am Fenstersims festhalten. Aus den Augenwinkeln sah ich Harry lospurten und wild mit den Armen rudern. Ich überlegte, wie er dem liebenden Pärchen helfen wollte? Die merkten doch gar nichts mehr. Oder wollte Harry die junge, ziemlich gut gewachsene Dame etwa aus drei Metern Höhe auffangen?

Währenddessen klopfte hinter mir der Eingeschlossene. „Wann komm ich denn hier endlich raus? Ich habe nun keinen Durst mehr und will jetzt in mein warmes Bett!"

Gerade kam Harry, ziemlich außer Puste – ja, ja, die Raucher – in die Nähe der kopulierenden Körper. „Passt auf!", brüllte Harry an der Hotelfront hoch. Das war bestimmt nicht auf die Schwangerschafts-Verhütung bezogen. Die beiden völlig Verknallten bemerkten Harry dann wider Erwarten auch. Doch was passierte?

Sie sahen uns an, winkten und machten einfach weiter. Der Mann rief sogar noch aus dem Fenster: „Das ist gerade so schön, lasst uns bitte, wir passen schon auf!" Die ließen sich von uns einfach nicht stören. Oder doch, jedenfalls kletterte das Mädchen jetzt ins Zimmer, er hinterher und dann schloss sich das Fenster. „Besser so", sagte Harry. „Aber, sag mal, Toto, so eine Peepshow kannten wir bislang auch noch nicht."

Inzwischen war die Gastwirtin der verschlossenen Kneipe eingetroffen. Sie stand schon seit vielen Jahren hinterm Tresen, das konnte man ihr an den Augenringen ansehen. „Was war denn da Aufregendes auf der anderen Straßenseite los, Herr Oberwachtmeister?" Ich grinste nur, was sollte ich jetzt sagen. Dann gab sie sich die Antwort selbst: „Jung müsste man noch mal sein."

Sie schaute mich und den mittlerweile wieder zurückgekehrten Harry kokett an. Hastig sagte ich: „Jetzt befreien wir aber erst einmal Ihren eingeschlossenen Gast und dann sehen wir weiter." Die Wirtin kramte ihren Schlüssel aus der Handtasche und steckte ihn ins Schloss.

Wir drei gingen in die dunkle Kneipe und hörten ein lautes Schnarchen. Der eingeschlossene Mann wollte gar nicht mehr befreit werden, er war seelenruhig an der Theke eingeschlafen. Wir mussten ihn leider wieder wecken und seine Personalien überprüfen. Währenddessen schaute die Wirtin nach, ob der Typ auch wirklich nichts entwendet oder aufgebrochen hatte.

Danach durfte der wahrlich letzte Gast nach Hause. Er torkelte Richtung Taxenstand davon. Die drei Bier, die er sich selbst gezapft hatte, brauchte er übrigens nicht zu bezahlen. Das Einschließen war ja schließlich nicht seine Schuld gewesen.

Die reife Gastwirtin fragte uns noch, ob wir etwas mit ihr trinken wollten, und wann wir denn Feierabend machen würden. Wir bedankten uns artig für die Angebote und murmelten etwas von: „Das dauert noch. Wir müssen zu unseren Frauen und Kindern." Sie zuckte mit dem Schultern und meinte nur: „Dann halt nicht, ihr wisst ja nicht, was ihr verpasst." Dann schloss sie ab und ging. Und wir beide trotteten, langsam müde werdend, zu unserem grün-weißen Bulli.

Nachts, wenn alles schläft, außer Polizisten im Nachtdienst, trifft man immer die verrücktesten Leute. Oder kriegt die kuriosesten Einsätze. So auch in einer lauen Juli-Nacht gegen zwei Uhr. Harry hatte sich gerade bei einem bekannten Schnellrestaurant mit Chicken-Mc-Nuggets eingedeckt, als die Stimme des Funkers aus dem Äther kam: „Toto, Harry, fahrt mal schnell Richtung Nordstadt, dort hat gerade ein Diebstahl stattgefunden." Ein pikanter Diebstahl, wie sich später herausstellen sollte.

Der Anrufer war der Onkel eines Kollegen. Den hatte man offenbar während des Schlafs beklaut. Als wir uns in den Wagen setzten, gab der Funker noch weitere Details durch: „Achtet bei der Anfahrt auf eine asiatisch aussehende Person, die tatverdächtig ist."

Na toll, direkt im Bereich der dortigen thailändischen Restaurants sollten wir auf einen Asiaten achten. Für mich sehen auf den ersten Blick alle Asiaten sowieso gleich aus. Das sagen die über uns wahrscheinlich auch. Das bedeutete also für uns die berühmte Suche nach der Nadel im Heuhaufen.

Zur Abwechslung fuhr ich, da Harry ja erst noch Hühnchenteile essen musste. Soll ja schließlich nichts kalt werden wegen eines

Diebstahls. Durch meine rasante Fahrt fanden allerdings zwei Nuggets den Weg in den Fußraum. Beim Eintreffen war Harry dann satt und mir schlecht von meiner eigenen rasanten Fahrt. Wir zückten unsere Taschenlampen und begaben uns zum Tatort.

Harry fragte die Leitstelle gerade noch, ob der Geschädigte zur Haustür herunterkommen und uns aufmachen würde, als das Flurlicht des Treppenhauses schon aufflammte. Zunächst sahen wir durch die Scheibe in der Tür die blanken Füße und dann den nackten Rest. Der Onkel, wir kannten ihn schon lange, hatte schulterlange, schwarz gefärbte Winnetou-Haare, die leicht gewellt nach hinten wehten. Eine dicke, viel zu protzige Goldkette baumelte um den vermutlich täglich im Sonnenstudio gebräunten Hals.

Und dann sahen wir noch weiteren, sehr ungewöhnlichen Silberschmuck am Körper des Opfers. Handschellen baumelten nämlich an seinen auf dem Rücken gefesselten Händen. Ansonsten baumelte noch einiges, denn der Onkel war komplett nackt.

Mein erster Gedanke war: „O Mann, wie peinlich, da hat man ihn aber ordentlich beklaut, anscheinend auch die Bekleidung."

Der Onkel schaffte es dann wirklich, uns rücklings aufzuschließen und die Haustüre zu öffnen. Als er uns erkannte, rief er mir sofort zu: „Toto, mach mir sofort die Kettchen ab, die drücken so komisch und sind mir zu hart!" Harry hatte ihm inzwischen die dienstliche Lederjacke um die nackten Schultern gehängt und wir führten den Guten die Treppe hoch in seine Wohnung.

„Was ist dir denn passiert?", wollte ich wissen, während er an seinen Fesseln zog. Ich probierte inzwischen den zweiten Schlüssel für die stählerne Acht, der erste war schon abgebrochen. Dabei streckte er mir sein nacktes und sehr behaartes Gesäß entgegen. Ich dachte nur: „Toto, was machst du hier eigentlich?", da wimmerte der Onkel: „Toto, jetzt befreie mich, mach doch bitte auf, ansonsten krieg ich hier echt noch die Krise!" Am liebsten hätte ich geantwortet: „Frag mich mal." Aber ich ließ es, der Onkel war schließlich Opfer einer Straftat geworden.

Harry inspizierte inzwischen die rosafarben gestrichene Wohnung. Schließlich waren wir alle drei im Wohnzimmer angekommen, in welchem unzählige Bildnisse hingen, auf denen der

Onkel mit diversen Jungmännerbekanntschaften zu sehen war. Sein Urlaubsziel war anscheinend immer Thailand und natürlich die dortigen Boys. Ansonsten waren noch Poster mit strammen muskelbepackten Kerlen zu sehen und einschlägige Homokalender. Es sah etwas zu übertrieben homosexuell aus, wie in einem Klamaukfilm.

In der Küche, die ebenfalls übertrieben Rosa gestrichen und mit viel Plüsch an der Decke und Tüll am Fenster ausgestattet war, hing, man höre und staune, eine überdimensionale Kuckucksuhr. Darunter befanden sich dicke Zapfen, wie bei jeder Kuckucksuhr. Aber was waren das für Zapfen? Harry hielt sich die Hand vor den Mund und lachte. Die beiden grotesken Dinger sahen aus wie überdimensionale männliche Hoden. Ich malte mir gerade aus, was passieren würde, wenn zur vollen Stunde die Klappe der Kuckucksuhr aufgehen würde. Was da wohl aus der Klappe käme …

Inzwischen hatte ich die Handschellen geknackt, der behaarte Popo des Onkels war glücklicherweise nun auch bedeckt, da erzählte er uns seine tragische Geschichte: „Toto, Harry, ihr wisst ja, meine Welt sind die Männer und das ist gut so."

Wir mussten beide grinsen, doch er fuhr fort: „Also lerne ich einen knackigen Typen am Bahnhof kennen und wir sind heiß aufeinander. Ab geht es in meine kuschelige Wohnung und wir knutschen und fummeln, ich mache kühle Getränke und muss aufs Klo. Der Typ hat sich nackig gemacht, die Drinks mitgenommen und dann lag er mit einem Riesenständer auf meinem Bett." Harry sagte leise: „Lass die Details, bitte."

„Na gut, wenn ihr so zart besaitet seid, bitte schön. Also, das Schnuckelchen fordert mich zum Trinken auf, ich ziehe das Glas mit einem Zug leer und mich danach aus. Dann wird mir plötzlich ganz anders und ich werde ohnmächtig." Ich antwortete: „Typischer Fall von K.O.-Tropfen im Getränk, das ist klar." Doch der Onkel erzählte unbeirrt weiter: „Als ich erwache, stelle ich fest, dass ich nackt und gefesselt auf dem Bett liege und offensichtlich Sex hatte. Der freche Thai hat meine hilflose Lage ausgenutzt und mich vernascht. Es ist so schade, dass ich geschlafen habe, ich konnte den Sex gar nicht genießen und dabei hatte ich mich doch so darauf gefreut!"

„Na, du hast ja Sorgen." Harry stand auf: „Was hat er dir denn außer entgangenen Sexfreuden noch geklaut?" Der Onkel wackelte zur Kommode und zeigte vorwurfsvoll in die leere Schublade: „Da fehlen 500 Euro. Und meine rote Designer-Lederjacke von der Garderobe ist auch weg, die war aus Mailand. Das ist schlimm, so was kriegste hier im Ruhrpott nicht, das ist italienische Mode. Aber am meisten sauer bin ich darüber, dass ich beim Sex nicht wach war!"

Wir übergaben den Fall der Kripo. Den Onkel haben wir aber immer mal wieder getroffen. Und er hält offenbar sein Versprechen. Denn jetzt passt er bei seinen Männerbekanntschaften besser auf, damit er, wie er immer sagt, „alles besser genießen kann". Und wir flehen ihn jedes Mal an: „Aber bitte keine Details!"

Ein kleiner Italiener

Ich blickte während der Fahrt in den Rückspiegel unseres grün-weißen Bullis. Dort saß er, wie immer zusammengekauert auf der Rückbank. Die Augen geschlossen, sein Kopf sackte leicht nach vorne, sodass sein Kinn fast die Brust berührte.

Im nächsten Moment zuckte der Kopf wieder ruckartig nach oben, die wässrigen, blutunterlaufenen Augen öffneten sich leicht und er murmelte ein paar unverständliche Worte in seiner italienischen Muttersprache. Dann stieg mir der Gestank in die Nase. Eine Mischung aus Urin, Kot, Schweiß und Fäulnis.

Ein Würgereiz überkam mich und ich wandte meinen Blick vom Spiegel ab, um meinen Kopf während der Fahrt aus dem Fenster der Fahrertür des Streifenwagens zu halten. Gierig sog ich die frische Abendluft in meine Lungen. Gestank, das ist etwas, an das ich mich trotz langer Dienstjahre einfach nicht gewöhnen kann.

Gestank ist schlimmer als alles andere. Er frisst sich nicht nur in die Klamotten, er frisst sich auch ins Gehirn. Und wenn du später an eine bestimmte eklige Situation denkst, hast du den Gestank sofort wieder in der Nase. Du wirst ihn einfach nicht mehr los.

Als ich meinen Kopf nun wieder in das Innere des Wagens bewegte, umwehte mich sofort wieder dieser eklige Gestank aus dem Fond des Wagens. Diese Mischung aus altem Urin und frischem Kot. „Du weißt doch, du musst durch den Mund atmen", hörte ich Toto von hinten sagen.

Ich rang mir ein Lächeln ab und blickte wieder in den Rückspiegel. Toto saß unmittelbar neben diesem Häufchen Elend auf der Rückbank des Streifenwagens und verzog keine Miene.

Mit Staunen musste ich wieder einmal feststellen, dass der Gestank ihm offensichtlich nichts anhaben konnte. Toto schien gegen alle ekligen und widerwärtigen Gerüche dieser Welt resistent zu sein. Eine Eigenschaft, um die ich ihn oftmals beneidete, denn mir war klar, dass sich bereits in wenigen Stunden eine unbestimmte Anzahl von kleinen „Ekelpickeln" auf meinem Gesicht ausbreiten würden.

Wir mussten zum Glück an einer roten Ampel anhalten und so konnte ich wieder gierig meinen Kopf aus dem Fenster recken.

Die Ampel wechselte aber, in diesem Fall leider, schnell wieder auf Grünlicht und es ging weiter. Selten zuvor hatte ich so sehnlich das Ende einer Fahrt herbei gesehnt. Toto hielt unserem Fahrgast ein Gardinenpredigt: „Das geht doch so nicht weiter, du musst mit dem Saufen aufhören, dich mal waschen, du kannst doch nicht nur allen auf den Nerven rumtanzen, du bist doch ein erwachsener Kerl." Doch diese gut gemeinten Ratschläge kamen nicht mehr an.

Giovanni, so hieß unser Fahrgast, schien nun gänzlich eingeschlafen zu sein, denn sein Kinn ruhte auf seiner Brust und ein leises Schnarchen war aus seinem Mund zu vernehmen. Lediglich sein Kopf bewegte sich leicht von rechts nach links, wenn ich mit unserem Bulli in eine Kurve fuhr.

Ich kramte in meinem Gedächtnis und überlegte, wie lange ich ihn bereits kannte. Nach wenigen Sekunden kam ich zu dem Schluss, dass der gebürtige Italiener einer von vielen Menschen war, die uns leider während unserer beruflichen Laufbahn in Bochum von Anfang an begleiteten und mit denen wir immer wieder, fast täglich, konfrontiert wurden.

Es mussten mittlerweile an die fünfzehn Jahre sein, in denen wir den systematischen körperlichen und geistigen Verfall dieses Menschen miterlebten. Und den penetranten Gestank. Der kleine Italiener tauchte damals scheinbar aus dem Nichts auf und war von diesem Zeitpunkt an unser „Dauerkunde" und ein absoluter „Problemfall". Wirklich jeder Polizist in unserem Großstadtrevier kennt ihn.

Giovanni hatte nämlich die unangenehme Eigenschaft, mit zunehmendem Alkoholkonsum gegenüber den Mitmenschen immer widerlicher und unangenehmer zu werden. Sein Pöbeln und Schimpfen hatten ihm bereits Hunderte Anzeigen, Hausverbote und Aufenthalte im Polizeigewahrsam eingebracht. Vielleicht lag die Zahl mittlerweile auch schon im vierstelligen Bereich.

Mal pinkelte er in eine Kirche, dann beleidigte er Passanten in der Fußgängerzone. Auch im Krankenhaus tauchte er auf, schloss sich dort in der Toilette ein. Und ging natürlich erst, wenn die Damen und Herren in Uniform auftauchten. Verständlicherweise hat er längst in allen Bochumer Kneipen Hausverbot, denn er ist so dreist, dass er einfach reinkommt, an den Tresen geht und anderen Gästen das vor ihnen stehende Bier austrinkt.

Da würde ich als Wirt auch die Krise kriegen. Wenn er dann rausfliegen soll, wird er unangenehm, spuckt, schlägt und schubst. Und dann wählen die Opfer schließlich alle die 110, weil sie schlicht die Nase voll haben, sich nicht rumärgern wollen und wie ein Wirt mal zu uns sagte: „Weil das nicht mein Job ist, dem Manieren beizubringen."

Stimmt, aber unserer eigentlich auch nicht, denn Giovanni bräuchte professionelle Hilfe statt eine karge Zelle. Die Hilfe bietet ihm aber keiner an. Und vermutlich würde er die heute auch gar nicht mehr wollen. Die Gesellschaft hat ihm gekündigt und er hat der Gesellschaft gekündigt. Es gibt kein Miteinander mehr, nur noch ein Gegeneinander, und dann greifen wir ein.

Und vielleicht wäre da noch Hoffnung gewesen. Denn wenn unser kleiner Italiener ausnahmsweise mal nüchtern ist, meist nach der Entlassung aus der Zelle, kann er ganz anders sein. Fast liebenswürdig. Man kann mit ihm über seine Probleme reden, er sieht auch sogar ein, dass es so nicht weitergeht. Manchmal erzählt er dann auch von seiner Vergangenheit. Dass er ja mal ein ganz toller Bursche gewesen sei. Dann leuchten seine Augen und man merkt, dass er sich diese Zeit wieder herbeisehnt. Aber offenbar zu schwach ist, noch mal von vorne anzufangen.

Er hat auch mir seine Lebensgeschichte schon erzählt. Er kommt angeblich aus der Nähe des berühmten Skiortes Cortina d'Ampezzo. Gerne erinnerte er sich an die schönen Berge, den Schnee und die glücklichen Zeiten in der Heimat. „O ja, das waren eine wirklich schöne Zeit, so tolles Essen. Und tolle Wein." Später zog er nach Deutschland. „Man brauchte ja eine Job, das ware in Italia nicht so gut", sagte er zu mir in seinem unverwechselbaren Italienisch-Deutsch.

In Bochum arbeitete er in dann einer Pizzeria – wo auch sonst. Es ging ihm gut, er verdiente viel Geld, heiratete, gründete eine

Familie, war sogar an Restaurants beteiligt. Ein Musterleben, eigentlich.

Denn dann begann der Absturz. Genau wollte er mir nicht erzählen, was damals passierte. Aber er musste plötzlich, wie er es beschreibt, wegen Geldproblemen ins Gefängnis. „Da ware danach meine Frau weg, und alles war Sch...!" Selbst seine von ihm bis heute so geliebte Tochter konnte den Absturz in den Alkohol und später ins Obdachlosenmilieu nicht verhindern.

Eine tragische Geschichte mitten aus dem Leben unseres Reviers, die einem trotz Gestank, Ärger und Stress doch irgendwie Leid tut. Aber bei der man auch nicht weiß, wie man helfen soll.

Ein lautstarkes „Warum immer ich" und „Ich habe doch nixe getan" aus dem hinteren Teil des Streifenwagens ließ mich aus den Gedanken hochschrecken und wieder in den Rückspiegel schauen. Ein seltsames Gefühl beschlich mich. Diese eigenartige Mischung aus Ekel und Mitleid.

Dort saß ein Mensch auf der Rückbank, der am Rande unserer Gesellschaft stand, den niemand mochte und den auch niemand vermissen würde, wenn er irgendwann einmal nicht mehr da war. Die Gesellschaft hatte schon lange mit ihm abgeschlossen und er mit ihr. Dieser Mann gehörte zur Unterschicht, zur „untersten Unterschicht". Dieses Wort, das jetzt durch alle Nachrichtensendungen jagte und Menschen beschrieb, die wir aber schon seit Jahren kennen. Diese erstaunte Überraschung der Politiker konnte uns und den täglich im Großstadtrevier „kämpfenden" Kollegen gerade noch ein müdes Lächeln abringen.

Als wenn das was Neues wäre, so ein Quatsch. Und bald ist die Unterschicht auch wieder vergessen, dachte ich. Für die wird ja sowieso nichts getan, auch wenn viele Politiker jetzt auf ganz betroffen machten. Das merken wir schließlich an unserem kleinen Italiener, um den kümmert sich ja auch keiner. Nur die Polizei als letztes Glied in der Kette muss ihn immer wieder einsperren, obwohl er ganz andere Hilfe bräuchte: Einen Alkohol-Entzug, dann einen Betreuer und vielleicht einen kleinen Job.

Dafür war es mittlerweile aber vermutlich zu spät. Denn aus Berichten von Kollegen wusste ich, dass es gesundheitlich nicht gut um Giovanni stand. Er litt unter einem schweren Krebsleiden und auch die Leber war bereits stark angegriffen. Kein Wunder, sie lag ja auch ständig in einem Whirlpool aus Schnaps.

Meine Gedanken verflogen, denn wir erreichten das Polizeipräsidium. Wir fuhren durch das beigefarbene Rolltor und standen kurz darauf im Hof vor der Eingangstür des sogenannten ZPG, dem Zentralen Polizeigewahrsam.

Dieser Ort war für Giovanni mittlerweile zu seinem zweiten Zuhause geworden. Allein in diesem Jahr brachten wir ihn zum nun unglaublichen 133. Mal dorthin. Und das Jahr war noch lange nicht rum ...

Die Zelle mit der Nummer 1 auf der Tür hätte eigentlich ein Zusatzschild mit seinem Namen bekommen müssen, denn die war mehr oder weniger für ihn reserviert.

Wir nahmen Giovanni in unsere Mitte, stützten ihn und gingen den langen, leicht ansteigenden Gang hinauf. Der Kollege im Gewahrsam drückte surrend den Türöffner. Wir gingen in den Wachraum und standen vor dem Tresen der „Gefangenen-Rezeption".

Als Giovanni den Kollegen hinter dem Schreibtisch sah, überzog sich sein Gesicht mit einem Lächeln und er rief laut: „Ciao, Papa! Warum sperrte ihr mich immer ein, ich habe wieder gar nixe gemacht, comprende?"

Karl, so hieß der grauhaarige, gemütlich aussehende Kollege, erhob sich langsam von seinem Stuhl und antwortete: „Giovanni, mein Lieber! Was machst du denn schon wieder hier? Dich habe ich ja lange nicht gesehen, das muss doch schon wieder zwei Tage her sein." Beide sahen sich an und mussten laut lachen. Obwohl es eigentlich traurig war, denn zwei Tage nicht im Gewahrsam war für unseren kleinen Italiener wirklich ungewöhnlich lange.

Danach folgte die übliche Prozedur. Giovanni musste alle Taschen auslehren. Die vor Dreck erstarrte Lederjacke und alle Gegenstände auf den Tresen legen. Alles wurde von unserem Kollegen gezählt und Punkt für Punkt in einem Dokument aufgeführt.

Als unser Dauergast den abgespeckten Gürtel löste und ihn aus dem Hosenbund zog, drohte die Hose in seine Kniekehlen zu rutschen. Giovanni wurde immer dünner, ja fast mager. Aß er überhaupt noch was oder trank er nur noch?

Kollege Karl zog sich nun Einweghandschuhe an und durchsuchte den Obdachlosen. Allein das Zuschauen bereitete mir schon wieder eine gewisse Übelkeit, denn der penetrante Geruch hatte natürlich längst das gesamte Gewahrsam ausgefüllt. Karl fand dann auch noch ein benutztes Taschentuch, zog es aus einer der vorderen Hosentaschen und meinte dann nur lapidar: „Sauber!"

Klar, keine Waffen oder anderen Sachen am Körper, das hatten wir auch verstanden. Aber das Wort „sauber" im Zusammenhang mit Giovanni und dem völlig versifften Taschentuch wirkte doch fast wie ein Hohn. Ich dachte nur: Hut ab, die Jungs im Gewahrsam sind echt viel gewohnt, das ist ihr täglich Brot, Obdachlose oder Besoffene zu durchsuchen, bevor es in die Zelle geht. Das ist eben Routine. Für mich aber undenkbar, ich hätte wahrscheinlich Dauerherpes.

Wir führten den kleinen Italiener zur Zelle mit der Nummer 1. Seinem letzten Stück Heimat. „Papa" reichte ihm noch eine graue Wolldecke und sagte fast freundschaftlich: „Dann schlaf mal schön, kriegst nachher auch ein Käsebrot von mir." Das mochte der Dauergast besonders gerne, das wusste Karl. Und warum sollte er ihm nicht diese kleine Freude machen, er hatte ja sonst nichts mehr. Bevor sich die Zellentür zum 133. Mal in diesem Jahr hinter Giovanni schloss, murmelte er dann auch ein leises „Danke!".

Es war so, als wäre Giovanni gerade nach Hause gekommen.

Ein Dieb ohne Moral

In unserer Stadt hingen überall Lichterketten in den Bäumen und über der Straße. Menschenmengen in Mänteln und Mützen rannten hektisch von Geschäft zu Geschäft, dicke Tüten in den Händen. Andere schlenderten gemütlich zwischen den Buden in der Fußgängerzone, den Duft von Glühwein und gebrannten Mandeln in der Nase. Es war mal wieder soweit, Weihnachten stand vor der Tür, der zweite Advent war gerade vorbei.

Wir beide gingen wie so oft in dieser Zeit Fußstreife durch die Innenstadt. Denn so kann man die jungen Klaukids oder auch ältere Taschendiebe besser erwischen. Also hielten wir die Augen auf, nach verdächtigen Leuten und nach einer leckeren Wurst.

Es war kalt geworden, aber richtige Weihnachtsstimmung wollte nicht aufkommen. Denn seit zwei Tagen nieselte es, es war diesig und neblig, und die nasse Kälte kroch einem regelrecht in die Klamotten. Und als Fußstreife besonders in die besagten Füße, oder besser Eisklötze. Da nützen auch selbst die dicksten Socken nichts.

Aber das ist eben auch der Polizeiberuf. Man muss halt auch bei Kälte, Regen und Schnee auf der Straße sein. Da, wo Ganoven ihr Unwesen treiben oder hilflose Menschen einen brauchen.

Da kam der Imbissstand mit den leuchtenden Glühbirnen auf dem Weihnachtsmarkt gerade recht. Es war sowieso gerade Mittagszeit und uns knurrte so langsam der Magen. Harry sagte: „Komm, ohne Mampf kein Kampf, jetzt gibt's erst Mal was auf die Gabel."

Ich guckte kurz auf die Tafel mit den Angeboten und bestellte mir Reibeplätzchen. Natürlich mit Apfelmus. Harry entschied sich lieber für eine rotbraun gegrillte Riesen-Krakauer. Die dafür aber mit Senf. Der Weihnachtsmarkt-Klassiker eben.

Ich hatte gerade das erste Stück abgebissen – und mir natürlich die Zunge verbrannt – da brach ein paar Meter neben uns ein Mann zusammen. Wir ließen unser Essen sofort stehen und rannten hin. Die anderen Menschen drum herum guckten zwar auch alle, aber keiner machte Anstalten, dem Mann zu helfen.

Der Rentner lag am Boden und röchelte. Er war schick angezogen, mit Wollmantel und Hut. Während Harry ihn fragte, was los sei, wurde der ältere Herr ganz weiß im Gesicht. Dann wurde das Röcheln immer leiser. Ich rief den Notarzt, Harry versuchte weiter, dem Mann zu helfen.

Jetzt drängten plötzlich die ganzen Leute, die eben noch schön auf Distanz geblieben waren, um ja nicht helfen zu müssen, immer näher heran. Einer stand schon fast auf der Hand des Rentners. Mit energischem Ton rief ich: „So, wer hier nicht Arzt oder Sanitäter ist und uns helfen kann, der tritt mal sofort fünf Meter zurück. Oder geht am besten weiter." Manchmal begreife ich nicht, was so faszinierend an einem verletzten Menschen ist.

Harry hielt die Hand des Opfers, doch auf einmal atmete der ältere Herr nicht mehr. Mir schoss sofort durch den Kopf: „Der stirbt uns doch jetzt wohl nicht unter den Fingern weg, der Rettungswagen kommt doch gleich." Dann fingen wir sofort mit Herzmassage und Mund-zu-Mund-Beatmung an.

Zum Glück kam zwei Minuten später auch schon der Notarzt. Allerdings können solche Minuten sehr, sehr lang sein. Quälend, nicht wissen, ob der Verletzte es schafft. Die Sanitäter und der Doktor haben bestimmt eine halbe Stunde alles versucht, aber der Rentner starb. Auf dem Weihnachtsmarkt neben der Wurstbude. Auf dem nasskalten Asphalt. Und aus den Lautsprechern schallte es weiter: „O du fröhliche." Es war bedrückend.

Unser Essen war mittlerweile kalt, aber das war auch schon egal, wir hätten sowieso keinen Bissen mehr runter gekriegt. Wir gingen weiter über den Weihnachtsmarkt, machten uns Gedanken, dass jetzt das Fest für die Verwandten des toten Rentners für immer mit einer traurigen Erinnerung verbunden war. Und wir fragten uns, woran der Mann denn so plötzlich gestorben war.

In Minutenschnelle hatte er aufgehört, zu atmen. Der Tote wurde später in der Gerichtsmedizin obduziert, der Notarzt hatte auch keine Erklärung für den Tod neben der Wurstbude gefunden. Und dabei kam heraus: Der alte Mann hatte sich an einem großen Stück Currywurst verschluckt und war daran erstickt. Tragischer kann ein Tod wohl kaum sein.

Zwei Wochen später fuhren wir abends Streife durch die Fußgängerzone. Es war noch eine knappe Woche bis Heiligabend und die Weihnachtsbeleuchtung glitzerte und funkelte über der Straße. Es war noch kälter geworden, einzelne Schneeflocken fielen vom Himmel.

Trotzdem war ich nicht so gut drauf, meine Frau und meine beiden Kinder lagen zu Hause mit Grippe im Bett. Doch ich konnte nicht frei machen, weil zu viele Kollegen bereits Urlaub hatten. Und drei weitere ebenfalls mit Fieber im Bett lagen.

Wir unterhielten uns über drei Kinder, die wir und auch Kollegen in den letzten Tagen immer wieder festgenommen hatten. Jedes Mal war es der gleiche Grund: Taschendiebstahl. Die Kids klauten alles: Taschen, Geldbörsen, Handys. Und sie waren für ihr junges Alter geschickt, bei der letzten Festnahme fanden wir sieben Portmonees.

Das Nachwuchs-Gangster-Trio kam aus Südosteuropa, alle hatten hier keinen festen Wohnsitz und waren angeblich auch alle

erst zwölf Jahre alt. Einen Ausweis hatten sie natürlich auch nicht. Polizisten brachten die drei dann immer nach der Festnahme zur Jugendschutzstelle. Denn unter 14-Jährige können in Deutschland nicht bestraft werden. Und das wissen auch leider die Eltern oder Verwandten der Kinder. Die stecken immer hinter den Diebeszügen, gerade über Weihnachtsmärkte.

Die Kinder verschwanden übrigens spätestens nach drei Stunden aus dem Heim. Und wir nahmen sie spätestens nach zwei Tagen wieder fest. Nur, damit das gleiche Prozedere wieder beginnen kann. Frustrierend, und die Hintermänner kriegt man nicht. Und die Kids bekommen wahrscheinlich noch Prügel, wenn sie sich schnappen lassen. Ist ja schließlich eine Art Verdienstausfall für die Hintermänner. Und Hinterfrauen, das sind oft sogar die eigenen Mütter.

Während wir frustriert über dieses Problem sprachen, kam plötzlich eine junge Frau an unseren grün-weißen Bulli gerannt. Sie klopfte an die Scheibe und rief: „Da vorne, direkt vor der Wurstbude am Engelbert-Brunnen ist ein Mann umgefallen. Ich glaube, der stirbt."

Harry sagte nur leise: „O nein, nicht schon wieder", dann rief er über Funk Rettungswagen und Notarzt. Ich sprang aus dem Wagen, packte den Erste-Hilfe-Kasten unter den Arm und rannte zum Brunnen. Ich musste mich durch die Masse von Familien und Glühwein-Grüppchen kämpfen. Ein kleiner Junge schrie laut auf, weil ihm im Gedränge sein rot leuchtender Paradies-Apfel auf die Erde gefallen war. Das tat mir leid, aber vielleicht ging es hier um Leben und Tod.

Dann war ich endlich am Brunnen. Das Opfer lag leblos auf dem Boden, neben ihm eine Schale mit Curry-Wurst, die rote Soße lief gerade auf das Kopfsteinpflaster. Ich dachte einen Moment, ich spinne. Das hatte ich doch alles gerade erst erlebt.

Im Kreis drum herum standen Passanten und glotzten den Mann an. Auch das gewohnte Bild, das einen immer wieder ankotzt. Ich rief: „Ist einer Arzt oder kann helfen?" Alle guckten verlegen weg, keiner rührte einen Finger. Ich sagte mal wieder laut und energisch: „Dann gehen Sie weg, anglotzen hilft dem Mann bestimmt nicht."

Da war auch schon Harry hinter mir. Wir rollten den Bewusstlosen in die stabile Seitenlage und suchten den Puls. Doch da war keiner zu fühlen!

Wir fingen sofort an, den Mann wieder zu beleben. Jedenfalls versuchten wir das, leider ohne Erfolg. Das Gefühl, versagt zu haben, stieg in mir hoch. Obwohl ich wusste, dass es nicht meine Schuld war, dass der Mann jetzt hier lag. Auch das alarmierte Notarzt-Team konnte dem einfach so Umgefallenen nicht mehr helfen. Er war tot. Vermutlich Herzinfarkt, vielleicht war die Curry-Wurst zu scharf gewesen. Im Hals war sie ihm jedenfalls nicht stecken geblieben.

Als die Sanitäter ihre Taschen wieder eingepackt hatten, blieb uns nichts anderes übrig, als die Jacke des Mannes nach seinen Papieren zu durchsuchen. Aus den Lautsprechern an den Buden trällerte diesmal: „Lasst uns froh und munter sein ..." Uns war verständlicherweise aber ganz anders zumute.

Als wir alle Taschen an der Jacke und in der Hose durchsucht hatten, schauten wir uns beide fragend an. Denn da war nichts. Der Mann an der Imbissbude hatte uns beobachtet: „Der hat gerade noch bei mir seine Wurst bezahlt, der hatte so ein dickes braunes Portmonee. Das war viel Geld drin. Das hat er auch wieder in die Jacke gesteckt, habe ich genau gesehen."

Da stellten wir nun also auf dem Weihnachtsmarkt fest, dass offenbar ein mieser Dieb den Toten noch beklaut hatte, bevor wir angelaufen kamen. Da lag der Mann nun in der Kälte auf dem Boden. Um ihn herum hektische Menschen auf der verzweifelten Suche nach einem Geschenk. Ohne in diesem Moment zu wissen, was wirklich wichtig ist, gerade an Weihnachten.

Ich bekam eine Gänsehaut, aber nicht von den niedrigen Temperaturen. Mir war elend zumute.

Weil ich mich für diesen widerlichen Verbrecher schämte – im Angesicht seines Opfers, das sich nicht mehr wehren konnte.

Höhenangst

Laut und durchdringend war das Geräusch des Telefons, das auf dem Schreibtisch der Bochumer Polizeieinsatzleitstelle stand. Es ist nämlich ein besonderer Telefonanschluss. Auf dem Bildschirm blinkt in auffälligem Rot zusätzlich zum Klingeln das Wort „Notrufleitung". Hier ruft also kein Kollege an, sondern ein Mensch in Not. In letzter Zeit aber leider auch immer öfter Jugendliche oder Spinner, die uns anlügen und Einsätze oder Notlagen erfinden. Offenbar wissen die nicht, dass sie sich nicht nur strafbar machen, sondern hinterher auch den Polizei- und Feuerwehreinsatz bezahlen dürfen, wenn man sie schnappt.

Den gesamten bisherigen Spätdienst hatte das Notruf-Telefon nicht still gestanden und die Kollegen der Leitstelle hatten Probleme, die Flut an Einsätzen, die über sie hereinbrach, an die Polizeikräfte auf den Straßen zu verteilen. Immer wieder mussten sie die Anrufer, mit einer direkten Entschuldigung auf den Lippen, auf

eventuell anfallende Wartezeiten hinweisen. Denn Blechschäden an Autos oder Kellereinbrüche müssen eben warten, wenn es bei anderen Einsätzen um Leben und Tod geht. Leider meint natürlich jeder Anrufer, dass sein Notfall der dringlichste ist. Auch für uns verständlich, wenn man unter Stress und Schock steht, aber leider lassen sich Wartezeiten nicht ändern. Oder wir bräuchten mehr Polizisten, aber erzählen Sie das mal unserem Finanzminister.

Gerade nahm einer der Sachbearbeiter den Hörer erneut zur Hand, und bevor er auch nur ein Wort sagen konnte, vernahm er die hysterisch klingende Stimme einer Frau, die ihm unvermittelt ins Ohr schrie: „Kommen Sie schnell, hier steht ein Mädchen auf dem Dach und will runterspringen! Kommen Sie, schnell, schnell!"

Dem Kollegen gelang es nach einiger Zeit und mit viel Mühe, die Anruferin erstmal so zu beruhigen, dass er aus dem Redeschwall der Frau die für ihn wichtigen Angaben herausfiltern konnte. Wo ist was passiert? Und wer ist in Not?

Mittlerweile erfüllte ein ständiges Telefonläuten und sehr lautes Stimmengewirr die Räume der Leitstelle, denn das Mädchen auf dem Dach war offenbar schon mehreren Menschen unten auf der Straße aufgefallen. Und alle wählten nun die Notrufnummer 110.

Noch während einer unserer Sachbearbeiter die Leitstelle der Feuerwehr informierte, um entsprechende Einsatzkräfte zum Ort des Geschehens zu schicken, erhielten wir über Funk durch einen zweiten Kollegen der Leitstelle den Einsatz:

„Irma 11/35 für Irma! Fahren Sie schnell zur Wittener Straße 235! Dort soll ein junges Mädchen auf dem Dach stehen. Sie will vermutlich herunter springen. Die Feuerwehr ist bereits verständigt und schickt auch Kräfte. Nähere Angaben folgen. Sonder- und Wegerechte freigegeben."

Wir kämpften uns mit dem Blaulicht und Martinshorn durch den dichten Verkehr. Immer wieder blieben Autofahrer einfach stehen und versperrten uns den Weg. Glücklicherweise war es nicht weit bis zum Einsatzort und wir waren nach drei Minuten in der angegebenen Straße. Wir mussten auch nicht lange suchen, denn auf der Straße vor dem Haus mit dem vermutlich lebensmüden Mädchen hatte sich bereits eine große Menschentraube gebildet.

Die „Schaulustigen" standen teilweise mitten auf der stark befahrenen Straße. Doch für die hupenden Autos hatte niemand Zeit, alle Blicke und auch einige Zeigefinger waren auf das Dach des Mehrfamilienhauses gerichtet.

Kopfschüttelnd und wütend nahm ich zur Kenntnis, dass sich sogar Eltern mit ihren kleinen Kindern unter den „Gaffern" befanden. Ein Vater hatte seine kleine Tochter sogar auf die Schultern genommen, damit sie besser sehen konnte. Unfassbar. Bevor diese Gedanken weiteren Raum in mir einnahmen, fiel mein Blick auf das Dach des fünfstöckigen Hauses und ich konnte das Mädchen direkt an der Regenrinne erkennen. Etwa zwanzig Meter über uns stand sie unmittelbar am Rand des steilen Daches, hielt ein weißes Blatt Papier in ihrer Hand und blickte völlig regungslos in die Tiefe.

Gleichzeitig drangen die Töne von scheinbar zahllosen Martinshörnern in meine Ohren, und als ich meinen Blick wieder auf die Straße richtete, konnte ich zwei weitere Streifenwagen und mehrere große Fahrzeuge der Feuerwehr erkennen, die alle hintereinander mit hoher Geschwindigkeit regelrecht heran geflogen kamen. Trotzdem sah es für mich aus wie in Zeitlupe, meine Gedanken kreisten um dieses Mädchen. Warum steht die da oben? Will die wirklich springen? Wie können wir ihr nur helfen?

Ich drehte mich wieder zum Haus und lief auf die offen stehende Tür zum Treppenflur zu. Aus den Augenwinkeln sah ich noch, dass Toto sich in die entgegengesetzte Richtung bewegte, offensichtlich um erste Absperrmaßnahmen zu treffen und um die immer mehr werdenden Schaulustigen wenigstens auf Distanz zu halten.

Von der Hoffnung getrieben, nicht zu spät zu kommen, hastete ich die Treppenstufen des Hauses hinauf. Mein Herz schlug mir vor lauter Aufregung und Anstrengung scheinbar im Hals. Ich erreichte den Dachboden in Rekordzeit und näherte mich langsam einem geöffneten Fenster. Vorsichtig blickte ich hinaus, die Angst in mir, das Dach könnte vielleicht bereits leer, das Mädchen in Panik schon gesprungen sein. Doch als ich hinaussah, stellte ich mit Erleichterung fest, dass das Mädchen noch immer am Rande des Daches stand. Der Wind wehte ihre Haare hin und her, ihr Körper war aber wie zur Salzsäule erstarrt.

Die Entfernung zwischen uns betrug nur gerade mal fünf Meter. So nah, doch viel zu weit, um sie direkt zu erreichen und um sie festzuhalten, falls sie springt. Um jegliches Erschrecken zu vermeiden, sprach ich sie leise und behutsam an: „Hallo, ich heiße Harry, was ist denn passiert?" Als sie sich mir zuwandte, blickte ich in zwei große, mit Tränen gefüllte Augen. Der auf dem Dach herrschende, immer stärkere Wind wehte ihr nun die langen blonden Haare ins Gesicht und ließ sie in dünnen Strähnen auf den feuchten Wangen kleben bleiben.

Mein Gehirn arbeitete auf Hochtouren und ich suchte krampfhaft nach den richtigen Sätzen und Formulierungen, um die junge Frau von ihrer Verzweiflung abzulenken, um ihr Vertrauen zu gewinnen und um sie letztendlich von ihrem schrecklichen Vorhaben abzubringen.

Aus meiner Erfahrung wusste ich, dass diese Chance bestand. Denn wenn sie sich tatsächlich das Leben hätte nehmen wollen, wäre sie vermutlich längst gesprungen. Spätestens, als wir mit unserem Streifenwagen vorfuhren. Und selbst wenn das nicht stimmen sollte, so gab mir dieser Gedanke zumindest doch ein Stück Hoffnung und echte Zuversicht.

Dennoch stellte sich die Situation als ausgesprochen gefährlich dar, denn das Mädchen stand unmittelbar am Rande des Daches und konnte jederzeit das Gleichgewicht verlieren oder durch einen anderen unglücklichen Umstand herunter fallen. Durch den Stress könnte auch der Kreislauf der jungen Frau versagen. Dann würde sie einfach still zusammensinken und runterfallen. Im Klartext: Selbst wenn sie nicht mehr springen wollte, war die Gefahr nicht gebannt, sie könnte immer noch versehentlich in die Tiefe stürzen.

Ich musste sie also zunächst irgendwie dazu bewegen, dass sie ein paar Schritte vom Rand des Daches weggehen und sich dann auf die Dachpfannen hinsetzen würde. Der Tatsache bewusst, dass mir ein anstrengendes und vermutlich langes Gespräch bevorstand, in dem ich unter Umständen auch Notlügen benutzen müsste, bat und bettelte ich, ihr ein wenig näher kommen zu dürfen. „Weißt du, nur damit wir uns besser verständigen können, ich hab keine Lust, so zu schreien."

Sie blieb auf Distanz, aber sie schien ein gewisses Vertrauen zu mir gefasst zu haben, denn sie setzte sich zumindest auf die Dachpfannen, ließ aber beide Beine über den Rand der Regenrinne in die Tiefe baumeln.

In diesem Moment öffnete sich hinter mir die Tür des Dachbodens und zwei Feuerwehrmänner, die mich aufgrund der von ihnen getragenen Ausrüstung an Bergsteiger erinnerten, kamen in den Raum. Beide nickten mir nur wortlos zu und waren dann sofort damit beschäftigt, Seile und Gurte an den Dachbalken des Raumes zu befestigen. Hochkonzentrierte Routine, trotz der angespannten Situation, das beeindruckte mich. Aber die so genannten Höhenretter der Feuerwehr müssen immer hochkonzentriert sein, denn sie schweben oft zwischen Himmel und Erde, ein Absturz durch ein nicht richtig befestigtes Halteseil würde schnell den Tod bedeuten.

Ich drehte mich zurück zum Dach und meine Aufmerksamkeit richtete sich sofort wieder auf das junge Mädchen. Ich versuchte durch Fragen die Ursache für ihre Verzweiflung zu ergründen. „Warum bist du hier oben? Was macht dich so traurig? Ich weiß doch überhaupt nicht, was los ist, erzähl doch mal. Vielleicht kann ich dir ja helfen."

Was dann folgte, war der erschütternde und traurige Lebensbericht eines gerade mal fünfzehn Jahre alten Teenagers. Bei der Schilderung ihrer jahrelangen psychischen und physischen Schmerzen lief es mir eiskalt den Rücken herunter. Ich merkte plötzlich, wie meine Augen sich auch mit Tränen füllten und mein Verlangen ihr zu helfen verstärkte sich von Satz zu Satz, von Sekunde zu Sekunde.

Sie hieß Melanie. Bereits als kleines Kind war sie ständig von ihrem immer betrunkenen und gewaltbereiten Vater geschlagen und missbraucht worden. Als sie fünf Jahre alt war, verließ der Vater die Familie. Doch es wurde dadurch nicht viel besser. Die Mutter hatte Melanie damals für die Trennung verantwortlich gemacht und ihr mehr als nur einmal zu verstehen gegeben, dass sie eigentlich ein nicht gewolltes Kind war. Nachdem auch die Mutter nach und nach dem Alkohol verfiel, vereinsamte Melanie und musste bereits in jungen Jahren lernen, für sich selbst zu sorgen. Was Liebe und Zuwendung bedeuteten, wusste sie nicht.

In der Grundschule erlebte sie dann die schönste Zeit ihres Lebens. Sie fand viele Freunde und fühlte sich von ihrer Klassenlehrerin verstanden und geliebt. Dennoch sprach sie nie über ihre familiären Probleme und verheimlichte ihre Situation. Weil es ihr peinlich war, weil sie sich mitschuldig fühlte. Ihre Mutter hatte ihr das schließlich jahrelang eingeredet. Wenn sie nach der Schule nach Hause kam, war ihre Mutter meist bereits total betrunken und es kam nicht selten vor, dass Melanie grundlos Prügel von ihr bezog. Doch das Mädchen schwieg immer weiter aus Scham und Angst. Sie wagte es einfach nicht, sich jemandem anzuvertrauen.

Mit dem Wechsel der Schule wurde ihr Leidensweg wieder schlimmer. Sie kam auf eine Gesamtschule und fand von Beginn an keinen Anschluss in der Klasse. Sie wurde zum Außenseiter, das außerhalb des Elternhauses erträgliche Leben wurde ihr nun auch noch genommen.

Sie geriet in einen Teufelskreis, denn aus lauter Einsamkeit und Frust begann sie übermäßig viel zu essen und wurde immer dicker. Die Gewichtszunahme nahmen die Mitschüler wiederum zum Anlass, sie noch mehr zu meiden und gemein zu hänseln. In einem schleichenden Prozess verschlechterten sich auch ihre schulischen Leistungen und die Noten gingen immer mehr in den Keller.

Heute hatte sich der Kreis nun endgültig geschlossen. Es war der Tag der Zeugnisausgabe und jetzt saß das junge Mädchen mit einem Körpergewicht von etwa neunzig Kilo vor mir am Rand eines Daches und hielt ihr mit Tränen durchtränktes Zeugnis in der Hand. Sie war nicht versetzt worden, vier Fünfen waren zuviel. Dies war der letzte Tropfen, der jetzt ihr persönliches Fass zum Überlaufen gebracht hatte. Sie war in ihrer völligen Verzweiflung auf dieses Dach gestiegen und wollte ihrem verkorksten Leben ein Ende bereiten.

Ich glaube, es war das erste Mal, dass sie überhaupt mit jemandem über ihr Leben und ihre ganzen Probleme gesprochen hatte. Wir redeten bestimmt schon seit zehn Minuten miteinander, ihr Vertrauen zu mir wurde immer größer.

Da stieß sie plötzlich einen spitzen Schrei aus und ich konnte erkennen, wie ihr Körper langsam über die Dachpfannen zur Dachkante rutschte. Sie rief: „Ich kann nicht mehr, mein rechtes Bein tut so weh. Ich kann mich nicht mehr halten." Ich rief zurück: „Melanie, ich klettere schnell raus zu dir und helfe dir, o.k.?"

Sie willigte ein. Einzige Bedingung: „Nur du darfst in meine Nähe, dir vertrau ich, keinem anderen." Mir fiel ein Stein vom Herzen, sie hatte also offensichtlich Vertrauen zu mir gefasst. Meine Freude über diesen Erfolg währte jedoch nicht lange, denn nun wurde mir langsam bewusst, worauf ich mich mit meinem Angebot eingelassen hatte: Ich musste raus aufs Dach! Dabei leide ich doch unter extremer Höhenangst!

Da Melanie aber nochmals betonte, dass nur ich zu ihr auf das Dach kommen dürfte, konnte ich nun wiederum nicht schlapp machen. Denn allein mir bot sich jetzt die Möglichkeit, ihr zu helfen und sie endlich aus der Gefahrenzone herauszuholen. Zum Glück hatte ich ja noch die Höhenretter. Die beiden Feuerwehrmänner gaben mir mit ihrer ruhigen Art wenigstens ein bisschen Sicherheit. Der eine sagte: „Na, dann wollen wir mal dafür sorgen, dass du uns nicht runter fällst und mit dem Mädel heil zurückkommst."

Nachdem ich meine Uniformjacke ausgezogen hatte, legten mir die beiden Feuerwehrmänner die Bergsteigerausrüstung an und sicherten mich mit Seilen. Ich musste noch einen Helm aufsetzen, dann ließen mich die beiden Experten aus dem kleinen Dachfenster klettern. Da stand ich nun auf dem hohen Dach und der starke Wind umwehte mich. Es war kalt, verdammt hoch und rutschig. Mein Puls raste und ich musste daran denken, was passieren würde, wenn ich jetzt plötzlich das Bewusstsein oder das Gleichgewicht verlieren würde. Schnell versuchte ich, diesen Gedanken zu verdrängen. Ich hämmerte mir immer wieder ein: Du musst ihr helfen, du musst sie retten, nur du kannst sie vom Dach holen.

Vorsichtig und auf allen Vieren kriechend näherte ich mich Melanie. Um zu ihr zu gelangen, musste ich mich aber selbst unmittelbar bis an den Rand des Daches begeben. Nach unendlich scheinenden Sekunden erreichte ich das verzweifelte Mädchen. Ich setzte mich neben Melanie und versuchte, eine stabile Sitzposition am Abgrund zu bekommen, indem ich beide Füße gegen die Kante der Dachrinne stemmte. Dann passierte etwas, das ich eigentlich vermeiden wollte: Mein Blick fiel auf die unter mir liegende Straße. Sofort merkte ich, wie mir kalte Schweißperlen auf die Stirn schossen und in mein Gesicht liefen. Mein Herz drohte, aus meiner Brust zu springen.

Jetzt nur die Ruhe … Konzentration auf das Wesentliche … Nicht nach unten schauen.

Mit beiden Händen ergriff ich Melanies linken Arm und versuchte, sie wieder höher auf das Dach und näher an mich heran zu ziehen. Was, wenn sie jetzt abrutschte? Wie könnte ich sie fassen und festhalten? Würde ich sie überhaupt festhalten können? Sie wog immerhin gut und gerne zwanzig Kilo mehr als ich …

Doch mit ihrer Hilfe gelang es mir, sie wieder weiter auf das Dach zu ziehen, und als sie ihre Füße ebenfalls gegen die Kante der Regenrinne stemmte, umarmte ich sie und drückte ihren Körper fest an den meinen. In diesem Moment wurde ich von meinen Gefühlen übermannt und Tränen liefen mir über meine Wangen. Wieder und wieder dankte ich Melanie dafür, dass sie mir vertraut hatte und nicht vom Dach gesprungen war. Auch sie heulte hemmungslos, und das war gut so.

Ich weiß nicht, wie lange wir beide gemeinsam Arm in Arm auf dem Dach gesessen haben, aber es kam mir vor wie eine kleine Ewigkeit. Immer noch hatte ich Mühe, meine Atmung zu kontrollieren und ein Zittern zu unterdrücken. Dann hörte ich ein gleichmäßig surrendes Geräusch und wenig später sah ich, wie sich der Korb der Feuerwehrdrehleiter über die Kante des Daches schob.

Nachdem der Rettungskorb unmittelbar vor uns gestoppt hatte, kam ein Kollege der Feuerwehr heraus aufs Dach und half mir, Melanie sicher in den Korb zu befördern. Die beiden stiegen ein und dann fuhr der Korb wieder nach unten, zum sicheren Boden. Ich musste aber noch einmal all meinen Mut zusammen nehmen, denn mir stand ja noch der Rückweg zum Dachfenster bevor.

Wie ein kleines Kind kroch ich auf allen Vieren auf dem steilen Dach zum Fenster zurück und wurde durch die beiden Feuerwehrleute in Empfang genommen, die mir auf die Schulter klopften und danach aus der Ausrüstung halfen. „Haste gut gemacht, kannst echt bei uns anfangen", sagte einer grinsend. „Nee, lasst mal, Jungs, das heute reicht mir erstmal." Dann zog ich meine Jacke wieder an und ging mit weichen Knien und jeder Menge Adrenalin im Körper die Stufen des Treppenhauses herunter.

Auf der Straße erwartete mich bereits Toto. Auch ihm war die Erleichterung über den guten Ausgang des Einsatzes anzusehen. Wortlos und mit einem Lächeln fielen wir uns in die Arme. Gemeinsam gingen wir zu dem Rettungswagen, in dem Melanie sich bereits befand. Wir hatten noch kurz Gelegenheit, miteinander zu sprechen. Ich bedankte mich noch mal für ihr Vertrauen, dann drückten wir uns zum Abschied. Sie versprach mir, nach vorne zu blicken und ihr Leben in die Hand zu nehmen. Der Rettungswagen brachte sie in die Jugendpsychiatrie nach Bochum-Wattenscheid, dort würden ihr Psychologen in langen Gesprächen aus dieser Lebenskrise helfen.

Körperlich und geistig erschöpft, aber auch glücklich darüber, endlich wieder einmal Freund und Helfer gewesen zu sein, stiegen wir in den grün-weißen Bulli. Toto sagte: „Respekt, Herr Kollege. Haste dir nicht beinahe in die Hose gemacht, da oben?" Grinsend, aber immer noch blass um die Nase, antwortete ich: „Na ja, war schon heftig. Aber nur ich konnte dem Mädchen helfen, das wusste ich und das hat mich stark gemacht."

Wir fuhren los. Doch zum Nachdenken kam ich erst zu Hause, denn bereits wenige Minuten später kam der nächste Einsatz, wir mussten einen Verkehrsunfall aufnehmen.

Melanie durfte bereits nach kurzer Zeit die Psychiatrie wieder verlassen. Der Mutter wurde das Sorgerecht entzogen, und heute lebt Melanie in einer Einrichtung des Betreuten Wohnens für Jugendliche und hat ihren Lebensmut wieder gefunden. Und neue Freunde.

Und ich – ich leide immer noch unter Höhenangst! Ist wohl angeboren …

Der schnelle Tod eines kleinen Mädchens

Irgendwie hatte ich an diesem Tage schon morgens beim Aufstehen ein nicht zu benennendes komisches Gefühl. Als ob die Welt etwas aus den Fugen geraten wäre. Ich frühstückte wie üblich nicht, trank nur schnell eine Tasse Kaffe. Meine Familie schlief noch, als ich gegen halb sechs das Haus verließ. Auf dem Weg zum Auto glaubte ich schon, dass mein Leben in Zeitlupe abläuft. Es war eigenartig, ich dachte, ich würde vielleicht krank.

In der Wache angekommen legte sich das Gefühl nicht. Es war keiner unfreundlich oder missmutig, aber selbst beim gemeinsamen Frühstück spürte ich so eine seltsame Stimmung im Aufenthaltsraum. Es war still, obwohl wir mit zehn Kolleginnen und Kollegen zusammen saßen.

Als ob man sich mit dem Kopf unter einer Glocke befindet. Selbst unser Chef, der eigentlich immer gut drauf ist und nie schlechte Laune hat, sah heute Morgen zerknittert aus. „Es gibt Tage, die sollten eigentlich gar nicht stattfinden", dachte ich. Wie Recht ich später damit noch haben sollte.

Das zog sich so durch den ganzen Tag. Irgendwie klemmte der Zapfhahn beim Tanken, mein Schnürriemen am Schuh ging immer wieder auf, selbst mit Doppelknoten. Und auch das Schreiben der Zahlkarten ging nicht so von der Hand wie sonst. Ich spürte, dass ich irgendwie unkonzentriert war. Als ob ich auf etwas Wichtiges warten würde, was da noch kommen sollte – ohne zu wissen, was es war.

Und dann kam das, was keiner über Funk hören möchte. Das, wovor sich jeder in einem Polizeileben fürchtet: Ein schwerer Unfall mit Kindern! Der Einsatz knackte aus dem Lautsprecher: „Toto, fahrt ganz schnell zur Essener Straße, dort ist gerade ein Lkw in eine Personengruppe hinein gefahren. Es sollen mindestens drei Kinder dabei gewesen sein!" Sonder- und Wegerechte natürlich freigegeben! Mehrere Notärzte und Rettungswagen waren ebenfalls alarmiert und auf dem Weg.

Es war eine Totenstille im Steifenwagen. Auch im Funk hörte man nichts mehr. Allen steckte diese Nachricht in den Knochen. Ich fuhr an diesem Tag mit meiner Kollegin Claudia. Obwohl wir uns gut verstehen, und ich klasse mit ihr zusammen arbeiten kann, fehlte mir in diesem Moment Harry an meiner Seite. Weil wir uns einfach besser kennen, uns besser aufeinander einstellen und somit

auch einen solch grauenhaften Unfall vielleicht besser bewältigen können. Oder einfach nur, weil ich Angst vor dem hatte, was da kommt. Und Harry mich blind verstanden hätte.

Da ich nun am Lenker saß, dachte ich nur: „Fahr so, dass wir auch ankommen und dort hoffentlich helfen können. Es nützt jetzt nichts, sich die Birne einzufahren." Draußen herrschte – es war Ende August – ein komisch trübes Licht. Trotz der Mittagszeit konnte sich das Wetter offenbar nicht so recht entscheiden, ob jetzt Sonne oder Regen kommen sollten. Es sah aus wie im Herbst.

Schon auf der Anfahrt zum Unfallort sah ich von weitem die vielen blauen Lichter der anderen Einsatzfahrzeuge, die kurz vor uns eingetroffen waren. Eigentlich muss ich die Szenerie kurz beschreiben: Wenn man die Alleestraße Richtung Wattenscheid fährt, kommt man eine leichte Steigung hoch. Lange sahen wir nichts, dann kamen wir über die Kuppe und waren plötzlich mitten drin im schrecklichen Geschehen.

Der Unfallort lag genau in der Höhe der dortigen Kirche. Ich stoppte den Wagen, schnallte mich ab, nahm das Funkgerät und sagte leise zu Claudia: „Das sieht nicht gut aus!" Eigentlich unnötig, denn das hatten wir während der Fahrt zum Einsatz beide ungesagt gewusst. Aber irgendwie hatte ich das Gefühl, etwas sagen zu müssen, um der Situation etwas den Schrecken zu nehmen. Doch es gelang mir nicht.

Wie auch, denn beim Herangehen an die genaue Unfallstelle sah ich, wie der Notarzt gerade einen alten Teppich aus dem an der Straße liegenden türkischen Geschäft über ein Kind legte. Er sah mich an und schüttelte wortlos seinen Kopf. Ich schaute auf die Straße und sah zunächst nur einen kleinen blauen Kinderschuh und die blaue Jeanshose. Ich bückte mich und mir wurde flau im Magen.

Ich ging zu dem Teppich und hob ihn vorsichtig an. Da lag das kleine Mädchen, mit dem Gesicht am Boden. Sie sah so friedlich aus, ihr blondes Haar lag wie drapiert im weiten Bogen um ihren Kopf. Es hätte aussehen können, als wenn sie schläft. Wäre ihr Schädel nicht so schwer verletzt gewesen. Sie war offenbar unter den Reifen des Lasters geraten.

Ich merkte, wie mir die Tränen in die Augen schossen. Das sind Situationen, in denen man weglaufen will. In denen man nichts gegen den Schmerz und die Trauer tun kann. In denen die Uniform nicht schützt. Ich schaute Claudia an. Ihr ging es ebenso. Sie murmelte nur: „Mein Gott, ist das schrecklich." Dann sagte sie leise: „Ist es o.k., wenn ich Zeugen befrage und du hier bleibst?"

Ich nickte, und sie machte sich an die Arbeit. Recht hatte sie, wir mussten uns jetzt aus unserer Trauer herausreißen und versuchen, diesen schrecklichen Unfall so gut es irgendwie ging aufzunehmen.

Ich schnaufte noch mal durch, streichelte dem fünfjährigen Mädchen übers Haar. Dann nahm ich wie in Zeitlupe seine noch warme Hand, drückte sie noch einmal und legte sie vorsichtig auf den Asphalt. Ich wollte dem Mädchen zeigen, dass jemand da war.

Obwohl sie tot war. Ich hatte das Gefühl, dieses Kind beschützen zu müssen. Nur wovor? Aber so etwas fragt man sich nicht in dieser Situation. Das ist einfach ein Gefühl, und dem gibt man nach. Überwältigt von dem Anblick. Und der eigenen Hilflosigkeit.

Ich hatte einen Riesenkloß im Hals. Als ich aufstand, wurde mir kurz schwindelig. Mit dem Gedanken, es hätte auch mein Kind sein können, welches da tot auf dem Fußgängerüberweg lag, ließ ich meinen Blick in die Runde schweifen. Ich glaubte mich in einem Film, als mein Gehirn mir folgende Bilder wiedergab.

Links von mir stand Claudia mit mehreren aufgebrachten Menschen, die offensichtlich Augenzeugen dieses schweren Unfalls geworden waren. Daneben stand der schwere Laster, nur wenige Meter hinter dem toten Kind. Wieso hatte er das Mädchen stumpf überfahren? Mittig standen zwei Rettungswagen. Wie sich später herausstellte, wurden dort Oma und Uroma des toten Mädchens behandelt. Sie standen unter Schock. Dahinter hatte ein Zeuge schnell gehandelt und mit seinem Auto die Fahrbahn zur Unfallstelle abgesperrt.

An mir vorbei rannte gerade der Notarzt zum Unfallwagen. Ich konnte erkennen, wie versteinert der Fahrer zusammengekauert auf dem Sitz saß und sich die Hände vor das Gesicht hielt. Kein Wunder, dem wurde wahrscheinlich gerade klar, was er angerichtet hatte. Rechts von mir kamen zwei weitere Streifenwagen an, die sperrten die Unfallstelle weiträumig ab.

In diesem Moment fiel mir siedend heiß ein, dass es im Funkspruch ja hieß, mehrere Kinder seien überfahren worden. Ich meinte, mich an die Zahl drei zu erinnern. Doch wo waren die?

Es hieß, das tote Mädchen hätte einen Zwillingsbruder an der Hand gehabt. Und der wäre plötzlich weg. Ich sprintete sofort zum Unfalllaster und legte mich auf den feuchten Asphalt. Ich krabbelte regelrecht darunter und schaute mir den Unterboden an. Sofort fielen mir das Blut und die Haare am linken Vorderrad auf. Das musste von dem toten Mädchen stammen. Aber kein Zwillingsbruder, zum Glück. Doch wo war der? Weggelaufen im Schock?

Ich rief einen Kollegen zu Hilfe, froh, erst einmal kein weiteres totes Kind gefunden zu haben. Und ich war froh, dass der Kollege gerade Maik war, unser Spuren- und Monobild-Experte (damit werden Unfälle vermessen und für Rekonstruktionen aufgenommen). Er schnappte sich den Spurenkoffer und fing an, die Spuren zu vermessen und zu fotografieren. Ich sagte unserem Chef, dass nach dem Bruder gesucht werden müsste.

Claudia hatte gerade den Unfallfahrer in der Mangel. Mit hochrotem Kopf machte dieser einen Alko-Test. Immer wieder musste er neu ansetzen und in das Gerät pusten. Doch der Test fiel negativ aus, er hatte nichts getrunken. Er hatte einfach nur

nicht aufgepasst. Der Fahrer war so geschockt, dass er nichts zum Unfall sagen konnte. Deshalb wurde er mit Polizeibegleitung ins Krankenhaus gebracht, nach der Untersuchung und einer Beruhigungsspritze würde er das Drama vielleicht den Beamten erklären können.

Mittlerweile war auch unser Dienstgruppenleiter eingetroffen. Er machte sich schon eine Handskizze und weitere Notizen. Im Hintergrund traf gerade der Sachverständige ein, und ich hörte Volker von der Pressestelle, wie er gerade eine Frau strammstehen ließ. Diese war trotz Verbots über die Absperrung geklettert und hatte versucht, an den Unfallort zu kommen. Vermutlich damit sie das Blut besser sehen konnte. Was geht nur in solchen Menschen vor? Gerade bei einem überrollten Kind.

Hinter mir rief jemand: „Toto, kann ich Sie mal sprechen?" Ach ja, die Presse war eingetroffen. Gut, dass ich Nicole und ihren Kameramann kannte. Auf die war Verlass, denn ein totes Mädchengesicht will keiner in der Zeitung sehen oder im Fernsehen anschauen. Es gibt zum Glück auch hier noch Tabus. Also durften sie einen Kameraschwenk machen, die Leiche war ja abgedeckt und die Angehörigen im Rettungswagen.

Mit dem Sachverständigen machte ich dann die Vermessung und die Skizze. Andere Kollegen waren durch den schlimmen Unfall regelrecht geschockt und konnten nicht sehr viel helfen. Sie standen einfach fassungslos am Rand. Gerne hätte ich mich auch um sie gekümmert, aber die Unfallaufnahme kann ja nicht warten. Wie gut, dass unser Dienstgruppenleiter die Übersichtsfotos machte und uns half.

Inzwischen waren mehrere Notfallseelsorger eingetroffen und man versuchte verzweifelt, endlich die Eltern des toten Mädchens zu erreichen. Dann kam wenigstens eine erlösende Nachricht: Der Zwillingsbruder war unverletzt aufgetaucht. Eine Tante hatte den Jungen sofort nach dem Unfall zu sich in die Wohnung geholt. Der Bruder war direkt neben dem Mädchen über die grüne Ampel gelaufen, als es passierte. Vermutlich hatte er seine Schwester sterben sehen, eine schreckliche Vorstellung.

Dann tröstete ich die weinende Nachbarin, die als Erste das Kind gefunden hatte und nun ihren Tränen freien Lauf ließ. Ich sagte ihr leise: „Weinen Sie ruhig, wir weinen auch, hinterher, zu Hause." Da gab Claudia mir ein Zeichen, ich ging zu ihr: „Du, wir konnten den Vater gerade erreichen. Kirsten fährt da gerade mit einem Seelsorger hin." Sie nannte den Namen. Oh nein, ich kannte ihn vom Amateurfußball. Ich fühlte mich irgendwie noch betroffener. Irgendwie war das Unglück jetzt noch näher an meinem Privatleben. Der Gedanke, es könnte auch meiner Tochter so etwas passieren, ließ mich nicht mehr los.

Als ich mit der Vermessung fertig war, fing es heftig an zu regnen. Der Himmel öffnete seine Schleusen, und es goss wie aus Kübeln.

Es war, als würden die Wolken weinen. Da klingelte mein Handy. Meine Frau fragte mit erstickter Stimme, wo ich denn im Moment wäre. Sie hatte im Radio von diesem schlimmen Verkehrsunfall gehört. Ich schilderte ihr mit zitternder Stimme, was ich soeben gesehen und erlebt hatte.

Hinterher erzählte sie mir, sie hätte sofort schweißnasse Hände bekommen, ihr wären die Tränen in die Augen gestiegen und nach dem Telefonat wurde ihr übel. Weil auch sie dachte: „Wenn so etwas uns passiert wäre ..."

Während ich telefonierte, rannten Maik und ich zum Streifenwagen und holten zwei Decken, damit wir die Leiche abdecken und vor dem Regen schützen konnten. Das Beerdigungsinstitut war noch immer nicht eingetroffen, und so standen wir zu zweit im strömenden Regen neben der Leiche, sahen uns an und weinten bitterlich. Die Anspannung, die Trauer, der Schmerz, es war, als würde die diffuse Stimmung des ganzen Tages hier ihren Höhepunkt finden. Jetzt fielen die vergossenen Tränen nicht so auf. Und ob ich nachher klatschnass war, das spielte wirklich keine Rolle mehr. Der Himmel trug Trauer, und ich war froh, als ich den Leichenwagen ankommen sah.

Nach einer endlos erscheinenden Zeit fuhren wir dann zurück zur Wache und setzten uns alle in den Aufenthaltsraum. Dann redeten wir uns alles von der Seele. Reden unter Kollegen nach so einem Erlebnis ist wichtig. Man versteht die Eindrücke des anderen, weil man dabei war. Danach schrieben wir drei Stunden mit mehreren Beamten am Unfallbericht.

Dann fuhr ich, immer noch im strömenden Regen, nach Hause. Dort drückte ich erst einmal meine beiden Kinder ganz fest an mich. Und ich musste kämpfen, nicht sofort wieder loszuheulen. Ich duschte heiß, zog mir frische Sachen an und trank eine Tasse Kaffee. Meine Frau setzte sich zu mir. Sie sagte nichts, aber das brauchte sie auch gar nicht. Es war gut, zu Hause zu sein. Doch dann reichte sie mir die Zeitung und ich schaute auf die Todesanzeigen.

Was wollte mir meine Frau sagen, das Mädchen konnte doch noch nicht drinstehen? Dann bemerkte ich die Anzeige: Eine gute

Kollegin hatte Selbstmord begangen. Auch das noch, kann ein Tag noch schlimmer werden?

Ich habe auch heute noch Kontakt zur Familie des toten Mädchens. Wir treffen uns regelmäßig und versuchen, gemeinsam das traumatische Erlebnis zu bewältigen, da der Bruder den miterlebten Schrecken nicht alleine verdauen kann. So eine Verarbeitung ist für mich persönlich sehr wichtig, dadurch kann auch ich mit dieser Erinnerung besser umgehen. Und vielleicht den Angehörigen auch noch ein wenig helfen.

Aber ein Bild hat sich in meinem Kopf fest gebrannt: Die kleine Hand, die ich noch mal drücken musste.

Und das alles nur wegen eines dämlichen Führerscheins oder: Der Schock in der Nacht

Ich saß daheim an meinem Schreibtisch und las die Tageszeitung. Draußen prasselten dicke Regentropfen auf den Terrassenboden und das Biegen der Bäume vor dem Fenster verriet mir, dass ein heftiger Herbststurm drohte.

Nachdem ich an meiner Zigarette gezogen und einen Schluck Kaffee aus meiner Tasse getrunken hatte, blätterte ich die nächste Seite der Zeitung um und mein Blick fiel auf die Todesanzeigen. Gerade als ich meine Kaffeetasse erneut anhob um zu trinken, wurde ich auf die kurze und schlichte Anzeige am Seitenrand aufmerksam:

„Wir werden Dich vermissen!
Björn H.
*23.10.1982 – †20.10.2004
Mutter und Vater
Die Trauerfeier findet im engsten Familienkreis statt"

Ein kalter Schauer lief mir den Rücken hinunter, und ich ließ die Tasse sinken, ohne einen Schluck getrunken zu haben. Ich wusste, wer der Tote war. Und ich wusste auch, unter welch dramatischen Umständen er sein junges Leben verloren hatte. Und jetzt sah ich auch noch, dass er nur drei Tage vor seinem 22. Geburtstag gestorben war.

Unwillkürlich fixierte ich mit meinen Augen das schwarze Kreuz, welches neben dem Namen Björn mitten in der Todesanzeige abgedruckt war. Meine Gedanken verloren sich und ich tauchte in die Schwärze dieses Kreuzes ein. Das Kreuz war so schwarz wie die Nacht, in der ich eines der schlimmsten Erlebnisse meines Polizeilebens hatte.

Plötzlich befand ich mich in Gedanken wieder im Streifenwagen und Toto saß neben mir. Ich blickte aus dem Fenster der Fahrertür in die Dunkelheit der Nacht. Auf den Straßen herrschte nur wenig Verkehr, und ich lenkte den VW-Bus in Richtung Innenstadt.

Es war eine Nachtschicht im Herbst. In den letzten Stunden hatte es leicht genieselt, doch nun war es trocken und verhältnismäßig kühl. Jetzt um 1.30 Uhr war auf den Straßen nur wenig los. Die Innenstadt war wie leergefegt. Toto und ich unterhielten uns über unsere Kinder, über den letzten Urlaub und über einen prügelnden Ehemann, den wir mittlerweile zum dritten Mal eingesperrt hatten. Leider nahm die Ehefrau ihn immer wieder zurück. Wegen der Kinder, sagte sie dann.

Wir hatten aber große Zweifel daran, dass es gut für Kinder ist, wenn sie sehen, wie der Papa immer wieder die Mama verhaut. In das Gespräch vertieft fuhren wir langsam Richtung Theater. Dann sahen wir ihn plötzlich. Vor uns kam ein aufgemotzter Opel Corsa, tiefer, breiter, schneller, aus einer Nebenstraße geschossen. Er bekam kaum die Kurve, gab aber sofort wieder Vollgas.

Wir fuhren natürlich hinterher und Toto meinte: „Guck mal, da hat doch nicht nur das Auto Benzin getankt, der Fahrer muss auch ordentlich was intus haben, der kann ja kaum noch geradeaus fahren."

Der Opel fuhr wirklich in den berühmt-berüchtigten Schlangenlinien mitten durch Bochum. Wir waren uns eigentlich sicher: Der Fahrer hat Alkohol getrunken, und zwar nicht zu knapp. Ich fuhr näher an den schwarzen Corsa heran, dann drückte Toto den Knopf für das Leuchtschild: „Stopp, Polizei". Das alles geschah wortlos, wie viele Autos hatten wir schließlich schon zusammen angehalten und kontrolliert. Eben klassische Polizeiroutine im Streifendienst.

Wenn der Opelfahrer jetzt in den Rückspiegel seines Wagens schaute, musste er das blinkende Haltesignal in roter Leuchtschrift sofort lesen können. Das blendete einen ja in der Dunkelheit fast schon. Aber entweder schaute der Fahrer nicht in den Spiegel, oder er wollte das nicht sehen. Denn er reagierte einfach nicht und fuhr weiter in seinem sehr rasanten Zickzack-Kurs.

Toto schaltete das Blaulicht ein. Das blaue Licht durchschnitt die Nacht und reflektierte zuckend auf den Häusern neben der

Straße und auf dem Heck des Corsa. Dann drückte Toto auch das Martinshorn, um den Fahrer endlich aufzuwecken. Nun schien der Fahrer tatsächlich auf uns aufmerksam geworden zu sein. Doch statt den getunten Kleinwagen am Fahrbahnrand zu stoppen und uns seine Papiere zu zeigen, trat er auf das Gaspedal und raste die Straße herunter. Plötzlich war es keine Routine mehr.

War dem Fahrer nicht klar, dass er so alles nur noch schlimmer machte, auch wenn er betrunken war? Und dass man der Polizei nur selten entkommt? Der Kamikaze-Typ beschleunigte seinen kleinen Corsa zeitweise auf weit über 100 Stundenkilometer. Die Fahrweise war dabei mehr als unsicher. In Kurven drohte der Opel immer wieder mit dem Heck auszubrechen. Dabei geriet er natürlich ins Schleudern, mehrmals prallte er krachend gegen den Bordstein.

Glücklicherweise kam dem Raser kein anderer Wagen oder gar ein Fußgänger in die Quere. Ich hasse solche Verfolgungsfahrten. Wir beide, der Fahrer und Unbeteiligte sind einem hohen Risiko ausgesetzt. Die Gefahr, dass es zum Unfall kommt, ist einfach riesig. Ich dachte noch, in Amerika trauen sich das nicht so viele, da wird ja sofort auf die Reifen geschossen, und für so eine filmreife Fahrerflucht gibt es dort richtig lange Knaststrafen. Vielleicht würde das in Deutschland ja auch abschrecken, wenn der Respekt vor der Polizei ohne drohende Strafen nicht mehr ausreicht.

Toto schaltete erneut das Martinshorn ein, um andere auf die drohende Gefahr aufmerksam zu machen. Gerade als er die Sprechtaste drückte und dazu ansetzte, die Verfolgungsfahrt über Funk weiter zu geben, vollzog der Corsafahrer ein waghalsiges Manöver, das ihm zum Verhängnis werden sollte.

Wie sehr zum Verhängnis, das wurde uns erst später klar. Kurz entschlossen und offenbar umnebelt lenkte er seinen tiefer gelegten Renn-Corsa viel zu schnell nach rechts in eine Nebenstraße, das Auto driftete mit quietschenden Reifen nach links und krachte auf eine Verkehrsinsel. Der Wagen mangelte das Verkehrsschild um. Das Geräusch von kreischendem Metall und splitterndem Glas lag uns in den Ohren. Ein widerliches Geräusch, das man schlecht beschreiben kann, das einem aber immer wieder Schauer über den

Rücken treibt. Durch den Tieferlegungssatz schleifte der Unterboden des schwarzen Opels über die Verkehrsinsel. Funken sprühten, es knallte und der dicke Chrom-Auspuff lag plötzlich hinter dem Corsa auf der Straße. Komplett abgerissen durch die Wucht des Aufpralls.

Nach wenigen Metern hielt der Fahrer endlich an. Obwohl ich glaube, dass der Wagen von sich aus die Verfolgungsjagd beendete – Totalschaden. Der junge Mann stieg aus seinem Auto, stellte sich mit gespreizten Beinen neben die Fahrertür und legte selbstständig die Hände auf das Fahrzeugdach. Genau wie bei Jagdszenen im Film. Toto meinte: „Erstens geht der zuviel ins Kino und zweitens hätte er das auch einfacher haben können."

Der 21-jährige Mann hatte tatsächlich viel zu viel Alkohol getrunken, das roch man sofort. „O.k., ihr habt gewonnen", waren seine einzigen Worte. Wir merkten, dass er genau wusste, was jetzt auf ihn zukam. Auf die Frage, warum er so wahnsinnig und halsbrecherisch geflüchtet sei, kam nur ein stummes Schulterzucken. Gegen einen Alkotest hatte er nichts einzuwenden, ihm blieb ja auch nichts anderes übrig.

Nachdem er in das Gerät gepustet hatte, warteten wir auf den Wert. Unsere Überraschung hielt sich in Grenzen: knapp 1,5 Promille. Der Corsafahrer war ab diesem Moment weiterhin sehr wortkarg, aber ausgesprochen kooperativ. Unsere Kollegen Nadine und Lars waren mittlerweile als Unterstützung am Einsatzort erschienen. Das Corsa-Wrack blockierte schließlich die komplette Fahrbahn, in der Dunkelheit ein gefährliches Hindernis.

Im flackernden Blaulicht sah man, dass es wieder zu nieseln begann. Mann, was für ein trister Herbsttag, dachte ich noch. Besonders für den jungen Herrn hier. Wie Recht ich doch haben sollte. Leider.

Unsere Kollegen kümmerten sich um das Autowrack, riefen einen Abschleppdienst, und wir packten den Beschuldigten in unseren grün-weißen Bulli. Während wir mit dem Alkoholsünder zum Polizeipräsidium fuhren, erklärte Toto ihm, wie es nun weitergehen würde. Blutprobe, Führerschein-Sicherstellung, Anzeige wegen einer Trunkenheitsfahrt. Ich sah im Rückspiegel, wie der Mann neben Toto auf den grauen Kunststoffsitzen kauerte. Er nickte nur wortlos und zuckte teilnahmslos mit den Schultern. Als wäre ihm das alles egal.

Wir versuchten, mit ihm ins Gespräch zu kommen, doch seine Antworten auf Fragen waren immer gleich einsilbig und kurz. Ich empfand das bedrückend, dachte aber noch: Das hättest dir mal früher überlegen sollen.

Nach fünf Minuten Fahrt kamen wir auf der Wache an. Beim Reingehen wirkte der junge Mann wie der Schatten seiner selbst. Langsam schlich er zwischen uns durch die schwere Sicherheitstür zur Wache. Der Funker nickte uns kurz zu: „Na, wart ihr schneller?"

Im Vernehmungszimmer wurde dem Raser kurz darauf durch den diensthabenden Arzt, den die Leitstelle schon bestellt hatte, eine Blutprobe entnommen. Er zuckte nicht einmal, als sich die Nadel in seinen Arm bohrte. Der Crashfahrer wirkte wie in Trance. Als das kleine mit Blut gefüllte und beschriftete Plastikröhrchen auf dem Tisch lag, bat ich den Pechvogel um seinen Führerschein. Ich sagte nur: „Der ist sichergestellt, Sie dürfen nun bis auf weiteres kein Auto mehr fahren, sonst machen Sie sich erneut strafbar."

Toto fragte ihn noch, ob er ihm ein Taxi bestellen sollte oder ob wir einem Freund oder Verwandten telefonisch Bescheid sagen könnten, damit er abgeholt würde. Der junge Mann schüttelte nur den Kopf, sagte aber weiterhin nichts.

Im Hinausgehen steckte er noch die Kopie der Sicherstellungsanzeige in seine Jackentasche, dann bedankte er sich für unsere Freundlichkeit trotz seines Ausrutschers, verließ die Wache und ging hinaus in die kalte Herbstnacht. Dieses Bild sollte ich später noch oft vor Augen haben. Und diese Situation sollte meine weitere Arbeit beeinflussen. Jedenfalls wenn es um Alko-Sünder geht.

Nachdem wir den Einsatzbericht geschrieben hatten, stiegen wir wieder in den Streifenwagen und fuhren durch unser Revier. Die Nacht war nach dieser Verfolgungsjagd wieder absolut ruhig, wir sahen kaum Autos oder Menschen im Nieselregen. Es war, als hätte die erste Kälte des nahenden Winters die Menschen in ihre Häuser getrieben. Immer wieder ist es erstaunlich, wie so eine pulsierende Großstadt nachts einschläft. Die Stunden zwischen zwei und fünf Uhr morgens sind etwas ganz Besonderes. Als nähme sich die Stadt eine Auszeit, als wolle auch sie einfach ein paar Stunden schlafen.

Gegen vier Uhr, wir freuten uns bereits auf das Frühstück mit warmen Brötchen und auf ein kuscheliges Bett, knackte es im Funkgerät. Ein Streifenwagen der Polizeiinspektion West fragte unsere Wache an: „11/01, wo fahren Toto und Harry heute Nacht?" Toto griff sofort zum Funkgerät und meldete sich: „Was gibt's denn?" Der Kollege aus dem anderen Revier antwortete: „Könnt ihr mal bitte zu uns kommen. Wir stehen an der Bahnlinie am Rombacher Tor. Hier hat sich ein Mann vor einen Güterzug geworfen. Das einzige, was wir bisher bei ihm gefunden haben, ist das Sicherstellungsprotokoll über seinen Führerschein. Und ihr beide habt darauf unterschrieben."

Toto schluckte, schlagartig wich jede Farbe aus seinem Gesicht. Er stammelte, für ihn ungewöhnlich leise, ins Mikrofon: „Ja gut, wir kommen sofort!" Meine Gedanken überschlugen sich, das

Herz raste und mir wurde schlecht. Als hätte mir jemand mit großer Wucht in den Magen geschlagen. Keiner sagte etwas, wir wussten beide auch so, wer der Tote sein musste.

Schweigend fuhren wir durch die Dunkelheit zu den Bahngleisen. Schon von weitem sahen wir das flackernde Blaulicht der Streifenwagen am Bahndamm. Das machte die ganze Szenerie noch bedrückender. Wenn das überhaupt ging.

Wir stiegen aus, da fuhr gerade der Rettungswagen langsam weg – ohne Blaulicht. Ich sagte leise: „Was soll der auch noch hier, helfen kann da sowieso keiner mehr." Ein Kollege der Polizeiinspektion West empfing uns mit den Worten: „Hallo, kein schöner Anblick. Es hat ihn ziemlich zerrissen, das war ein Güterzug. Die Leichenteile liegen über eine Strecke von 100 Metern verstreut. Könnt ihr trotzdem mal kurz schauen, vielleicht könnt ihr ihn ja identifizieren. Wir haben ja nur das Sicherstellungsprotokoll gefunden."

Es sind diese Momente, wo man den Beruf als Polizist hasst. Man will diesen zerrissenen Körper nicht sehen, man will weglaufen, aber man muss es tun. Es gehört dazu, ob man will oder nicht. Und vielleicht müsste man viel öfter über diese bedrückenden Szenen und Erlebnisse sprechen. Aber wer will einem schon zuhören, wenn die Geschichte von abgerissenen Gliedmaßen auf den Bahngleisen handelt.

Zum Glück habe ich ja Toto, dem macht das nicht so viel aus wie mir. Der übernimmt solche Leichensachen, besonders auch dann, wenn ein Toter seit Wochen in der Wohnung liegt und bereits alles voll Fliegen und Maden ist. Mein Brechreiz lässt sich dann kaum unterdrücken, aber Toto marschiert einfach ins Zimmer rein, als hätte er keine Nase.

Wir kletterten jetzt zusammen eine Böschung herunter und gelangten von dort auf den Bahndamm. Es war stockdunkel, nur der Schein unserer Taschenlampen erleuchtete das gespenstische Szenario. Der Güterzug stand rechts von uns, gut 50 Meter entfernt. Der Zugführer war bereits mit einem schweren Schock auf dem Weg ins Krankenhaus. Vielleicht hatte der gerade in dem Rettungswagen gelegen.

Oft hatten uns Lokführer erzählt, wie schrecklich der Moment ist, in dem du den Selbstmörder siehst, aber nicht mehr bremsen kannst. Und dich hinterher fast schuldig fühlst, weil du jemanden getötet hast. Obwohl der das wollte. Einer hatte mal gesagt: „Erst taten diese Verzweifelten mir leid, heute hasse ich sie. Die ziehen mich da mit rein, machen mir Schuldgefühle, ich kann das nicht mehr."

Links von uns zuckten zahlreiche Lichtkegel von Taschenlampen über die Gleise. Unsere Kollegen suchten an der Strecke nach Spuren und Leichenteilen. So ziemlich das Schlimmste in unserem Job. Der Kollege führte uns zu dem Torso der Leiche. Kopf und sämtliche Gliedmaße waren abgetrennt. Ich sah nur ein graues Hemd und eine braune Lederjacke. Wir nickten beide: „Ja, die Klamotten hat er getragen." Ein paar Meter weiter lag der abgetrennte Kopf. Dunkle, lange Haare. Wir nickten noch ein Mal.

Mich überkam wieder der Würgereiz, Tränen stiegen mir in die Augen. Ich ging schnell zu einem nahe gelegenen Gebüsch und musste mich übergeben. Toto kam zu mir und legte einen Arm um mich. Obwohl er nichts sagte, verstand ich seine Frage und sagte: „Geht gleich wieder."

Mir ist das überhaupt nicht peinlich, schon gar nicht vor Toto. Für mich hat das nichts damit zu tun, ob man ein echter Kerl ist. Mich schockt so ein Anblick eben mehr als andere. In diesem Moment kam ein weiterer Kollege zu uns, in seiner Hand hielt er das Portmonee des Toten. Er hatte es gerade an der Böschung gefunden.

Als ich auf das Foto im Ausweis schaute, sah ich ihn, wie er aus der Wache ging. Ob er da schon wusste, dass er sich jetzt umbringt? Hätten wir ihn nicht festhalten müssen – aber mit welcher Begründung?

Wir verließen den Bahndamm und fuhren mit unserem Bulli zur Wache. Auf der Fahrt wurde wieder nicht viel gesprochen. Verständnisloses Kopfschütteln war angesagt. Meine Gedanken drehten sich nur um die Frage, ob wir es hätten verhindern können. Gab es Anzeichen für diese Verzweiflungstat?

Als wir die Wache betraten, stand uns der Schrecken ins Gesicht geschrieben. Unser Dienstgruppenleiter fragte kurz, was denn passiert sei. Als er alles gehört hatte, hielt er es nicht für sinnvoll, wenn wir unseren Dienst an diesem Tag fortsetzen würden und schickte uns beide nach Hause.

Wir versuchten uns zum Abschied noch gegenseitig etwas aufzurichten. Toto meinte: „Das konnte doch keiner ahnen, dass er so reagiert. Wegen so eines dämlichen Führerscheins das ganze junge Leben wegzuwerfen. Mann, das gibt's doch gar nicht."

Dann trennten wir uns vor dem Präsidium und fuhren nach Hause. Zu Hause lag ich noch Stunden wach und konnte nicht einschlafen. Immer wieder sah ich diesen Kopf auf den Gleisen liegen. Noch einmal musste ich mich im Bad übergeben, mir ging es richtig elend. Meine Gedanken kehrten wieder in die Realität zurück, und ich blickte auf die Todesanzeige in der Zeitung. Ich drückte die quälende Erinnerung an diesen Einsatz mit tragischem Ausgang aus meinem Kopf.

Doch selbst heute kommt es hin und wieder vor, dass ich an diese Nacht im Herbst des Jahres 2004 zurück denke. Spätestens in den Momenten, in denen wir wieder einmal einen betrunkenen Fahrzeugführer mit zur Wache nehmen und allen klar ist: Der gibt seinen Lappen ab.

In einer Zeitung war später noch zu lesen, dass der junge Fahrer sich schon lange Zeit in psychologischer Behandlung befunden hatte. Er litt unter starken Depressionen und war alkoholabhängig. Trotzdem habe ich mir immer wieder Vorwürfe gemacht, diese Tatsache befreite uns nicht von unseren latenten Schuldgefühlen. Wir beide haben in vielen Schichten immer wieder diese Nacht durchgekaut, uns überlegt, wo wir etwas hätten merken können. Wir fanden nichts, trotzdem war es keine Beruhigung.

Eines haben Toto und ich seitdem aber verändert: Wir lassen keinen Trunkenheitsfahrer mehr alleine durch die Türen unserer Wache gehen. Entweder kommt ein Verwandter und holt ihn oder wir bringen ihn nach Hause. Damit wir wenigstens alles getan haben, um eine ähnliche Tragödie zu verhindern. Denn so etwas Schreckliches wollen wir nie wieder erleben müssen.

Verbrechen war sein Leben

Um diese Geschichte erzählen zu können, bedarf es eines kurzen Vorworts.

Es geht um einen Mann mit dem Spitznamen „Kalle". Er war einfach gestrickt, knapp 1,80 Meter groß und hatte an seinem Oberkörper nicht zu übersehende Muskelberge. Denn „Kalle" fütterte zu. Sie wissen nicht, was zufüttern ist? Er nannte das so, weil er Präparate zum Muskelzuwachs nahm. Doping also. Da er öfter im Knast saß, konnte er dort immer ordentlich trainieren. Und an die Pillen kam er auch dort heran. Es findet sich nämlich Folgendes wirklich in jedem Gefängnis: Hantelstangen, Gewichte, Sandsäcke. „Kalle" trainierte also im Knast, um sich danach in Freiheit wieder mit uns Polizisten zu schlagen.

Mit der Zeit hat er sich dann auch noch den Kopf weggekokst und ordentlich gesoffen. Seine Kumpels aus dem Rotlichtmilieu hatten ihn dazu gebracht. Tja, und so war es um seinen Verstand nicht mehr ganz so gut bestellt.

Bei diesem Menschen, den wir in den letzten 20 Jahren immer wieder einsperren mussten, war wirklich Hopfen und Malz verloren. Er war ein gewaltbereiter Berufskrimineller, vor dem so mancher Kollege völlig zu Recht Angst hatte.

Den ersten Einsatz mit „Kalle" hatte ich persönlich am Puff – wo auch sonst? Der Anruf in der Leitstelle hatte uns schnell klar gemacht, dass es gefährlich werden könnte. Der Zeuge meldete, dass ein offensichtlich stark betrunkener Typ mit einem Beil durch den Bordellbereich „Am Eierberg" laufen und Leute bedrohen würde.

Als wir mit unserem Polizeibulli eintrafen, durchschnitt schon das flackernde Blaulicht mehrerer anderer Streifenwagen die fahle Dunkelheit. Ich sah, wie die erfahrenen Kollegen, die Dienstpistolen schon in ihren Händen, in die schmale Zugangsstraße des Puffs stürmten und den Verbrecher suchten.

Ich, als Frischling bei der Polizei, fand das unheimlich spannend, hatte aber auch ein Gefühl zwischen Respekt und Angst in der Magengegend. Ein älterer Kollege raunte mir nur zu: „Bleib dicht bei mir", dann stürmte auch er mit gezogener Waffe weiter, vorbei am pinkfarbenen Neonlicht der Leuchtreklame über dem nicht mehr ganz so neuen Table-Dance-Lokal.

Damals wurde bei einer solchen Bedrohungslage an die extra ausgerüsteten Spezialeinsatzkommandos nur selten gedacht. Man regelte diese Situationen noch alleine. Heute kommen sofort die vermummten und schwer bewaffneten Kollegen vom SEK, weil sie für solche Situationen einfach besser ausgebildet sind.

Also stürmten damals meine Kollegen und ich mit gezogenen Waffen in das Haus mit der rot leuchtenden Nummer 21 und befragten die wenig bekleideten Damen des horizontalen Gewerbes. Eine blasse Rothaarige mit sehr viel Oberweite im hellblauen Bikini erzählte hektisch: „Er hat sich mit der Funny auf dem Zimmer eingeschlossen, der ist irre. Wo wart ihr nur solange? Wenn man euch mal braucht."

Solange, das waren gerade mal drei Minuten gewesen, die den bedrohten Damen natürlich als kleine Ewigkeit erschienen waren. „Kalle" hatte sich also bei „Funny", einer drallen dunkelhäutigen Afrikanerin, eingeschlossen. Wir brüllten: „Polizei, aufmachen!" Das Liebesmädchen rief sofort hysterisch durch die weiße Tür mit den roten Herzen: „Kommt schnell rein, der ist auf dem Klo und zieht sich eine Line. Helft mir doch, der ist irre!"

Eine „Line" oder auch „weiße Straße" nennt man im Milieu eine Spur Kokain, die man sich dann mit einem Geldschein durch die Nase ziehen kann. Schnell fragten wir die anderen leichten Damen, wo im Zimmer die Toilette ist. Da sie sich in einem extra abgetrennten Raum befand, bestand in diesem Moment also die geringste Gefahr für die rassige „Funny".

Also traten wir ohne Vorwarnung die Zimmertür ein und überwältigten „Kalle" noch an der Kloschüssel, das Beil lag auf dem Handtuchhalter. Er war total zu, von Drogen und Alkohol, und konnte sich so glücklicherweise nicht wehren. Das sollte ich später noch ganz anders erleben.

So ging es Monat für Monat und Jahr für Jahr. Immer das gleiche Theater: Er randalierte, schlug wahllos auf Leute ein, bedrohte

Passanten mit verschiedensten Waffen. Sicherlich, „Kalle" hatte wahrlich keinen leichten Stand in seinem Leben, denn er selbst war Waise und schon früh durch alle erdenklichen Kinderheime gereicht worden. Doch nicht jedes Heimkind prügelt sich jede Woche mit der Polizei. Nicht nur die anderen sind für einen verantwortlich, sondern man muss sich auch selbst dem Leben stellen und Verantwortung für sein Tun übernehmen. Aber genau das konnte und wollte „Kalle" nicht.

Manchmal war er aber auch richtig kreativ, da konnte man sich nur wundern. In einer lauen Sommernacht wurden wir von einem älteren Autofahrer auf der Alleestraße angesprochen. „Hier in Bochum wird man ja auch ganz schön abgezockt. Das ist doch eine Unverschämtheit, auch noch nachts Parkgebühren auf einem öffentlichen Parkplatz zu nehmen. Kassiert das Geld die Stadt?" Wir wussten gar nicht, wovon der Rentner redete und fragten, wie er denn darauf käme, dass nachts am Puff auf diesem Parkplatz Gebühren erhoben würden.

Der ältere Herr sagte mürrisch: „Wenn ihr mir nicht glaubt, dann fahrt doch einfach mal hin und seht nach. Dort sitzt nämlich ein Mann mit seinem Kumpel am Eingang des Parkplatzes und nimmt Eintritt. Dafür würde er dann auf mein Auto aufpassen, hat er gesagt. Damit es nicht aufgebrochen würde! Das wäre in letzter Zeit oft passiert. Ich dachte immer, die Polizei passt auf, nicht so ein privater Sicherheitsdienst. Wofür zahl ich eigentlich Steuern?"

Harry und ich schauten uns verdutzt an. Seit wann hatte dieser Parkplatz einen Wächter? Da stimmte doch was nicht! Wir bestellten über die Wache einen zweiten Streifenwagen und fuhren schnell zum Puff. Als wir auf den Parkplatz fuhren, sahen wir sofort, wovon der ältere Mann gesprochen hatte: An der Zufahrt saßen auf einer Holzbank „Kalle" und sein Kumpel. Vor sich hatten die beiden Ganoven einen Holztisch aufgestellt. Darauf standen eine Stahlkassette für Bargeld und eine Thermoskanne mit Kaffee.

Wir stiegen aus und fragten, was das hier denn werden sollte. Sofort wurde unser alter Bekannter aggressiv. „Was wollt ihr Bullen denn von uns? Wir beschützen hier die Leute und passen auf, dass kein Auto aufgebrochen wird. Wäre ja eigentlich euer Job.

Dafür kann man doch drei Mark verlangen. Wo die Gegend hier ziemlich gefährlich ist und ihr Bullen doch nichts macht!"

Da kam auch schon der Dritte im Bunde um die Ecke, der andere polizeibekannte Kumpel von „Kalle". Er hielt einen hölzernen Baseballschläger in der rechten Hand. Das war anscheinend die Bewaffnung, falls böse Autoknacker auftauchten. Harry sagte zu ihm: „Ich wusste gar nicht, dass du so sportlich bist und nachts Baseball spielst?" Der Typ hatte ein riesiges Fragezeichen im Gesicht, er verstand offensichtlich den Scherz nicht. Seine dumpfe Antwort war nur: „Ich mache doch gar keinen Sport, ich passe doch nur auf, dass alle bezahlen!"

Ich sagte streng: „Jetzt passt mal auf, ihr drei. Das ist ein öffentlicher gebührenfreier Parkplatz, da kann man den Leuten kein Geld abnehmen. Schon gar nicht mit einem Baseballschläger, das könnte man ja als Bedrohung werten." Wir stellten den Baseballschläger und die Geldkassette sicher und schrieben, mal wieder, eine Anzeige. Es waren immerhin schon 150 Mark in der Kasse, also hatten sich schon einige Herren nötigen lassen, zu bezahlen. Wer will schon im Bordellbereich gesehen werden oder dort einen Aufstand machen. Die Familie soll ja von diesem Besuch nichts wissen, also zahlt man halt. Das hatte „Kalle" sich schon clever überlegt.

Ein anderes verrücktes Erlebnis hatten wir mit unserem Dauerkunden im Spätdienst. Wir fuhren auf dem Nordring, als uns eine alte Klapperkiste auffiel, die immer wieder Schlangenlinien fuhr. Ich überprüfte per Funk das Kennzeichen. Die Leitstelle antwortete: „Irma 11/35 für Irma, der Wagen liegt als gestohlen vor! Ich schicke euch sofort einen zweiten Wagen, dann stoppt ihn!" Harry fuhr hinter dem alten Opel her, die Kollegen im zweiten Wagen meldeten uns, dass sie in zwei Minuten bei uns wären. Sie wollten dem geklauten Auto entgegen fahren, so könnten wir den Wagen einkeilen, falls er Fluchtversuche machen würde.

Der alte Opel fuhr währenddessen Schlangenlinien und geriet gerade in den Gegenverkehr, was Harry mit einem lauten Fluchen quittierte. Wir überlegten schon, wie wir den Wagen alleine abdrängen oder anderweitig stoppen könnten, bevor es zu einem schweren Unfall kommen würde.

Da löste sich das Problem von selbst: Der Autodieb verlor nämlich die Kontrolle über den Wagen und krachte über den Bordstein in ein großes Gebüsch neben der Straße. Der Opel schleuderte aber noch weiter. Die Fahrt endete schließlich erst an dem gusseisernen Tor einer Metallfirma. Den Aufprall quittierte der alte Opel mit einem lauten Zischen, vermutlich war der Kühler zerplatzt.

Wir sprangen aus unserem Bulli und stürzten uns sofort auf den Fahrer, den wir nun als unseren alten Bekannten „Kalle" erkannten. Er leistete ausnahmsweise auch keinen Widerstand, da er mal wieder völlig zugedröhnt war. Die letzte Koksstraße war anscheinend zu viel gewesen, denn er sabberte und lallte uns mit unverständlichem Zeug voll. Mit einem Blick sahen wir, dass der Berufskriminelle erst einmal längere Zeit in der Zelle schlafen musste, bevor man mit ihm überhaupt reden konnte. So voll gepumpt mit Drogen und Alkohol war keine Verständigung möglich.

Im Kofferraum fanden wir, mit Hilfe des Drogenhundes eines Kollegen, auch noch mehrere Haschplatten sowie weitere Drogenpacks. Wir wussten zu dieser Zeit schon, dass er die Drogen im Bordellbereich und an einer nahe gelegenen Schule verkaufte und die 14- und 15-jährigen Kinder anfixte, um seinen Lebensunterhalt damit zu bestreiten. Das kotzte uns wirklich an.

Als wir ihn vorm Gewahrsam aus dem Auto zogen, zeigte er mal wieder sein wahres Gesicht. Obwohl seine Hände auf den Rücken gefesselt waren, wollte er mir offenbar trotzdem zeigen, was er von Polizisten hält. Ehe ich mich versah, rotzte er mir plötzlich ins Gesicht. Zum Glück konnte ich den Kopf zur Seite drehen, um nicht die volle Ladung abzubekommen. So streifte mich seine widerliche Spucke nur, doch ich musste an mich halten, um ihn in diesem Moment nicht zu schlagen. Ich ballte die Faust in der Tasche und dachte: „Wenn du ihn schlägst, bist du selbst ein Täter, den Gefallen tue ich ihm nicht."

Trotzdem hasste ich ihn in diesem Moment dafür. So etwas Ekeliges war mir selten passiert. Harry musste sich fast übergeben, als er die herunter laufende Spucke auf meiner Wange sah. Er blaffte „Kalle" laut an: „Was bist du doch für ein fieser Typ, hast du denn überhaupt kein Stückchen Anstand?" Und wieder wurde „Kalle" eingesperrt mit allen erdenklichen Maßnahmen wie Blutprobe, Drogentest und erkennungsdienstliche Behandlung.

Aber es nützte nichts, irgendwie war „Kalle" immer schnell wieder raus aus dem Gefängnis. Und wenn er wieder in Freiheit war, war er durch die Medikamente und das Knasttraining wieder ein Stück breiter geworden. Wieso hat man im Gefängnis eigentlich so viel Zeit für Muskeltraining? Das soll doch eine Strafe sein, kein Trainingslager.

Eines Nachts rief der Werkschutz vom Tor 5 der Bochumer Stahlwerke bei der Einsatzleitstelle an und meldete einen verdächtigen Wagen, der mit mehreren Personen besetzt schon längere Zeit in der Nähe des Werkzauns parkte. Man hatte auch beobachtet, wie dann zwei Typen den Maschendrahtzaun durchtrennten und einer mit einem Hund anscheinend Schmiere stand.

Wir bestellten ebenfalls unseren Hundeführer und mehrere Streifenwagen, damit wir das Gelände umstellen konnten. Wir hatten gerade unsere Position eingenommen, da meldete der zivile Einsatztrupp, dass jetzt gerade zwei Männer mit einer riesigen Kupferrolle durch den Zaun brachen und diese im Wagen verstauen wollten. Die Zivilen hatten sich heimlich an den Tatort herangeschlichen und die Lage auspioniert. Das geht schlecht in Uniform.

Wir sperrten die Zufahrt und fuhren nun zusammen mit den Hundeführern und zwei weiteren Einsatzwagen zu den Verdächtigen. Über Außenlautsprecher schrie ich: „Hände hoch und keine Bewegung! Hier spricht die Polizei! Sie sind umstellt und die Waffen sind auf Sie gerichtet!" Mit einem Sprung war Harry aus dem Bulli raus. Zusammen mit den Kollegen lief er gezielt und mit gezogener Waffe zu den Tätern. Der Hundeführer begleitete ihn, falls sich der Hund der Verdächtigen plötzlich selbstständig machen würde.

Ich sah sofort, um wen es sich bei den Tätern handelte: „Kalle" mit seinen beiden Kollegen, die wir schon bei der Parkplatz-Abzocke erwischt hatten. Diesmal waren sie offenbar gemeinsam auf Diebestour.

Objekt der Begierde war anscheinend Kupfer, das man auf einer großen Rolle vom Firmengelände geklaut hatte. Ich hörte nur, wie „Kalle" den mitgeführten Schäferhund auf die Kollegen hetzte:

„Los, Arko, hol dir die Drecksbullen!" Und schon rannte der Hund mit gefletschten Zähnen auf Harry zu. Zum Glück hatten wir einen erfahrenen Hundeführer dabei, der mit seinem Diensthund den tierischen Angreifer abdrängte.

Während Harry noch immer die Nackenhaare hochstanden, hatte „Kalle" plötzlich einen Schraubendreher in der Hand und ging auf die Kollegen los. Harry schrie nur: „Lass den Schraubendreher fallen, du Idiot, und nimm die Hände hoch! Sonst schieße ich!"

Das schien „Kalle" nicht so recht zu interessieren, denn er setzte seinen Weg einfach unbeirrt fort. Ich dachte nur: „Hoffentlich schießt Harry jetzt nicht." Dann rannte ich los. Im Laufen schrie ich: „Harry, lass sein, ich mach das!" Mein zarter Körper rammte „Kalle", der sich auf Harry konzentrierte, seitlich zu Boden.

Ich sah, wie Harry die 9-mm-Dienstpistole längst weggesteckt und sein Reizstoffsprühgerät herausgezogen hatte. Mein Aufprall auf den Idioten war so heftig, dass er kräftig auf den Schotterweg aufschlug und von mir nachgesetzt noch einen kräftigen Kinnhaken bekam. Da er immer noch aufmuckte, setzte Harry noch ein wenig Pfefferspray ein und schon war der Gegner ausgeschaltet.

Während wir „Kalle" in Windeseile fesselten, dachte ich mir: „Was riecht hier so streng?" Das war ich: Mein Adrenalin hatte mir den Angstschweiß kräftig aus den Poren gedrückt und zum Glück war gleich Dienstschluss. Da war auf jeden Fall gleich eine schöne Dusche angesagt.

Harry grinste mich unverschämt an: „Na, du alter Brecher, da ist ja alles noch mal gut gegangen! Du solltest mal dein Diensthemd wechseln, du hast kleine Seen unter deinen Armen." Grinsend sagte ich: „Mach dich nur über mich lustig, du Hungerhaken. Schließlich musste Papa dir ja helfen." Wir beiden lachten.

Auch „Kalle" verströmte einen komischen Geruch, da er sich bei meiner Attacke vor Schreck in die Hose gemacht hatte. „Geschieht dir ganz Recht, du Mistkerl", dachte ich und freute mich, dass der Einsatz so gut gelaufen war. Die Täter waren festgenommen, die Beute sichergestellt und keiner der Kollegen war verletzt worden.

Der Schäferhund von „Kalle" kam ins Tierheim. Der Vierbeiner kann ja nichts dafür, dass sein Halter ein Wahnsinniger ist und nicht mit Hunden umgehen kann, sondern sie offenbar nur dazu benutzt, andere Menschen zu bedrohen oder einzuschüchtern. Hoffentlich hat sich ein netter Mensch „Arko" abgeholt, damit er heute ein gutes Zuhause hat.

Der schlimmste Einsatz gegen „Kalle" begann mit diesem Funkspruch: „Fahrt mal zum Puff. Da hat gerade jemand mit der Schrotflinte angeblich zwei Laternen ausgeschossen! Sonder- und Wegerechte freigegeben!"

Wir flogen durch die leeren Straßen zum Einsatzort. Es war kurz vor Mitternacht, als wir eintrafen. Mein Puls war auf 200 und mir war übel, weil ich wusste, was für große Löcher so ein Schrotgewehr machen kann. Und wer sie vermutlich in den Händen hielt. Da kamen schon zwei türkische Passanten angerannt. „Passt auf, da läuft ein Irrer mit Schießgewehr rum. Der ist jetzt in das gegenüberliegende Haus da vorne geflüchtet, nachdem er diese zwei Laternen ausgeschossen hat! Der ist verrückt!"

Das gegenüberliegende Haus war die Wohnung von „Kalle".

Laut Beschreibung der Zeugen konnte es sich auch nur um den gefährlichen Berufskriminellen handeln. Aber woher hatte der jetzt so eine gefährliche Waffe? Ein Bekannter von ihm tauchte am Streifenwagen auf: „Passt auf, der hatte Stress mit seiner Ollen, der dreht durch!" Wir bestellten sofort Verstärkung, alles, was Dienst hatte, raste zum Eierberg. Harry und ich legten schon mal unsere großen zusätzlichen Schutzwesten an. Ich sah aus wie eine Schildkröte und konnte mich kaum damit bewegen. Aber bei dieser Bedrohung konnte ich auf diesen zusätzlichen Schutz nicht verzichten.

Mir wurde mulmig und ich dachte daran, was uns in der Wohnung wohl erwarten würde. Ein Kollege hatte sich in der Zwischenzeit auf Beobachtungsposten im Nachbarhaus begeben und meldete, dass er mehrere Personen im Wohnzimmer sitzen sehen konnte. Eine Waffe oder ähnliches erkannte er aber nicht.

Der Chef unserer Dienstgruppe hielt eine kurze Ansprache: „Wir gehen jetzt da hoch, jeder kennt die Örtlichkeit. Einer tritt die Türe ein, Toto und ich geben dann Deckung. Dann stürmen die anderen rein und wir überwältigen alle anwesenden Personen." Wie bereits gesagt, SEK-Kräfte wurden selten angefordert.

Wir schlichen also durch den Hausflur zu der besagten Wohnungstür. „Sieh mal an", dachte ich, „die Türe ist ja nur angelehnt." Der Posten gegenüber meldete, dass sich alle Personen lachend und trinkend im Wohnraum aufhalten würden. Offenbar hatte sich „Kalle" wieder beruhigt. Aber wo lag das Schrotgewehr? Ich lugte durch den Türspalt und sah in den Flur. Da entdeckte ich die Waffe. „Kalle" hatte seine Schrotflinte offenbar in aller Ruhe an die Garderobe gelehnt. Ich schlich leise rein und griff danach. Ohne bemerkt zu werden, konnte ich sie schnell aus dem Gefahrenbereich bringen. Wir waren alle erleichtert, jetzt war der Einsatz nur noch halb so gefährlich.

Dann drückten wir die Tür ganz auf und schlichen weiter zum Wohnzimmer, die Dienstpistolen im Anschlag. Wir konnten das Stimmengewirr hören, es klang nach einem Zechgelage. Dann sprang einer von uns gegen die Tür und wir stürmten den Laden. Das Blut rauschte durch meine Adern, wie im Rausch wuchtete ich den ersten Gegner um, der mich verdutzt ansah. Da lag er auch schon auf dem Bauch und ich, mit der grünen Schutzweste aussehend wie eine Schildkröte, fesselte ihn.

Die anderen Kollegen waren auch beschäftigt und wir hatten durch die Überzahl an Polizisten die vier anwesenden Männer schnell überwältigt und festgenommen. Alle waren vorbestraft und gewalttätig. Eigentlich hatte sich alles beruhigt, da schrie Harry plötzlich: „Du Dreckschwein, lass sofort die Kleine los!" Harry hatte die Tür zum Schlafzimmer geöffnet und dort etwas Schlimmes entdeckt. Ich stürmte mit einem weiteren Kollegen zu ihm, um zu sehen, was passiert war.

Im Schlafzimmer sah ich mit einem Blick, was Harry so aufgeregt hatte: Ein halbnackter Mann saß am Fußende des Bettes und zog sich gerade die Hose hoch. Die neunjährige Tochter von „Kalle" hockte auch halbnackt auf dem Bett und wischte sich gerade etwas vom Mund ab. Mir lief ein kalter Schauer über den Rücken.

Hatte „Kalle" etwa seine Tochter zum Sex freigegeben und an andere Männer verkauft? Offensichtlich hatte sich der widerliche Typ gerade an der Minderjährigen vergangen, während die andere Truppe nebenan soff und kokste. „Das darf doch nicht wahr sein!", rief Harry.

Wir warfen den Mann auf den Boden und legten ihm sofort Handfesseln an. Harry herrschte den Kinderschänder an: „Mach nur eine falsche Bewegung und ich habe jeden Grund der Welt, dich fertig zu machen, du Schwein!" Ihm stand die Zornesröte ins Gesicht geschrieben. Schließlich hat Harry selbst zwei Töchter. Ich nahm eine Bettdecke und hüllte das zitternde und verstörte Kind darin ein.

Der Mann sagte: „Ich habe doch dafür bezahlt, dass mir das Kind zur Hand geht, was wollt ihr denn? Beschwert euch doch bei ‚Kalle', der ist doch schuld. Der macht das doch täglich mit der." Unser Chef betrat soeben das Geschehen und verdrehte nur die Augen. „Was haben wir denn hier für eine Schweinerei aufgedeckt? Ich glaub das nicht."

Es war nur die Spitze des Eisbergs, wie wir später feststellen mussten. Nachdem alle Verdächtigen vorläufig festgenommen und in das Polizeigewahrsam gebracht worden waren, kam bei den

Vernehmungen bei der Kriminalpolizei heraus, dass „Kalle" das Mädchen für Geld an willige Freier verkauft hatte. Damit sich diese Dreckschweine mit ihr vergnügen konnten. „Kalle" selbst soll seine Tochter auch immer wieder missbraucht und geschändet haben.

„Kalle" kam für diese abscheuliche Tat nun endlich mal länger in den Knast. Ich glaube, er sitzt heute noch. Der missbrauchten Tochter geht es mittlerweile gut. Bis zu ihrem 18. Geburtstag lebte sie in einer Pflegefamilie. Als wir sie das letzte Mal trafen, war sie verheiratet und hatte zwei wohlgeratene Kinder.

Ein vernünftiges Leben mit einer Familie haben wir ihr besonders gegönnt, denn ihr hatte das Leben mit „Kalle" als Vater übel mitgespielt. Jedenfalls hat sie sich ehrlich gefreut, als wir uns letztens zufällig im Einkaufszentrum trafen. Zu ihren Kindern sagte sie: „Das sind ganz liebe Polizisten, die haben Mama schon mal sehr geholfen."

Die beiden Kumpel von „Kalle" sind übrigens mittlerweile beide tot. Einer ist, kein Wunder bei dem Alkoholkonsum, an Leberzirrhose gestorben. Und der andere erlitt bei einer brutalen Schlägerei, auch kein Wunder, so schwere Kopfverletzungen, dass er später im Krankenhaus an einem Blutgerinsel im Gehirn verstarb.

Thyssen-Kai-Uwe

Kai-Uwe stand wehmütig an einem der Fenster im fünften Stock der ehemaligen Maschinenhalle der Thyssen-Krupp-Stahlwerke. Von dort blickte er, wie so oft schon, hinunter auf das riesige Firmengelände.

Er ließ seinen Blick schweifen, und seine Gedanken verloren sich in Erinnerungen. Weniger als fünfzehn Jahre zuvor hatte er hier selbst als Kranführer für Thyssen-Krupp gearbeitet. Sein Kran stand damals am kleinen Güterbahnhof, der sich auf dem Werksgelände befand; er hatte die Aufgabe, die Waggons der ankommenden Züge mit Stahl zu beladen. Von seinem Kran aus hatte er immer eine wunderbare Aussicht gehabt. Der Bochumer Bordellbereich „Eierberg" lag direkt neben dem Firmengelände, und wenn es die Arbeit gerade zuließ, hatte er oft einen Blick in diese Richtung riskiert.

Der Bahnhof und sein Kran hatten in der Nähe der Maschinenhalle gestanden, nur wenige Meter von seinem jetzigen Standpunkt entfernt. Doch der Kran war nun längst verschwunden. Vom kleinen Güterbahnhof waren nur noch die bröckelnde Verladerampe und einige Gleise übrig geblieben, die allerdings bereits auch ihren Tribut an die Zeit gezahlt hatten, denn die Holzbohlen waren verrottet und der Stahl der Schienen verrostet.

Er hatte seinen Job wirklich geliebt und die Kollegen hatten ihn alle gemocht. Er war die ganzen Jahre nie krank gewesen und stets pünktlich zur Arbeit erschienen. Auch wenn es mit seinen Kollegen abends beim Bier mal später geworden war.

Kai-Uwe dachte mit großer Wehmut und einem flauen Gefühl im Magen an den Tag zurück, an dem das Werk geschlossen wurde und er seinen Job verlor. Einfach so, wegrationalisiert. Und was er damals noch nicht ahnte, an diesem Tag verlor er auch seine Zukunft. Denn seitdem hatte er keine feste Anstellung mehr gefunden.

Die erste Zeit konnte er sich mit Gelegenheitsjobs und dem Arbeitslosengeld über Wasser halten. Doch dann drohte er unterzugehen, denn er rutschte in die Sozialhilfe. Die Schulden wuchsen ihm über den Kopf. Sein Einkommen betrug gerade mal noch 344 Euro im Monat. Für Miete, Essen, Kleidung. „Wie soll das nur gehen?" hatte er sich oft gefragt. Die Antwort konnte ihm niemand geben.

Und so sehr er sich auch bemühte, niemand wollte ihn mehr einstellen, noch nicht einmal mehr für eine Hilfsarbeit. Er war angeblich zu alt. Er wollte gerne arbeiten, doch er durfte nicht. Ausgemustert von der Gesellschaft. Nicht mehr gebraucht. Zwangsweise in die Unterschicht geschickt. Ohne Rückfahrtschein.

Wieder fiel sein Blick auf den ehemaligen Bahnhof auf dem Thyssengelände. Es war Herbst, die Industrieruine wurde von der untergehenden Sonne in ein melancholisches Licht getaucht. Er sah in der Erinnerung sich selbst, wie er kräftig und voll Schwung die Metallsprossen zur Führerkanzel seines Krans emporstieg. Den kalten Wind des Reviers um die Nase ...

Plötzlich wurde er durch einen lauten Knall und einen kurzen stechenden Schmerz an seinem Hinterkopf in die graue Realität zurück gerissen. Er fasste sich instinktiv an den Schädel. Als er sich erschrocken umschaute, sah er eine Rauchschwade durch die Eingangstür in den Raum im fünften Stockwerk dringen.

Durch den Rauch erkannte er hinter verbogenen Eisenträgern und Müll schemenhaft zwei Gestalten, die jetzt drohend in den Raum kamen. Sein Magen zog sich zusammen, als er ihre Hände sah.

Beide trugen Waffen, die offensichtlich auf ihn gerichtet waren und er vernahm den Satz: „Na, du alter Penner! Was treibst du dich denn hier rum? Jetzt machen wir dich fertig!"

Panisch und von großer Angst getrieben zog Kai-Uwe sein Klappmesser aus seiner Jacke, öffnete es und hielt es in Richtung der beiden Unbekannten. Da der Rauch sich verflüchtigte, konnte er langsam erkennen, dass es sich bei den beiden Bewaffneten um zwei Jugendliche in Tarnanzügen handelte.

Einen Moment lang herrschte absolute Ruhe und Bewegungslosigkeit in dem Raum. Dann war ein dumpfes „Plopp" zu vernehmen und etwas Kleines prallte gegen den Ärmel von Kai-Uwes

Lederjacke. Als das kleine runde Plastikkügelchen zu Boden fiel, wusste Kai-Uwe, dass es sich bei den Waffen um so genannte Soft Air Pistolen handeln musste. Genau so ein Geschoss hatte ihn Sekunden zuvor offenbar auch am Hinterkopf getroffen.

Jetzt trat Kai-Uwe drohend einen Schritt auf die beiden Jugendlichen zu und rief so laut er konnte: „Haut ab, oder ich rufe die Polizei!"

Daraufhin verließen die beiden Halbstarken den Raum und er konnte hören, wie sie mit schnellen Schritten die stählernen Treppen nach unten liefen und dabei lauthals lachten und johlten. Erst Minuten später hatte er sich wieder etwas beruhigt und seine Angst und der Schrecken waren halbwegs verflogen.

Vorsichtig und noch immer mit seinem Messer in der Hand verließ Kai-Uwe das Gebäude und begab sich zur nächstgelegenen Telefonzelle, um von dort aus die Polizei zu verständigen. Ein Handy konnte er sich nicht leisten.

Zur gleichen Zeit hatten wir während des hektischen Spätdienstes – zwei Gewahrsamnahmen, ein Unfall, ein Ladendieb, ein

Kellereinbruch – einen kurzen Stopp an der Würstchenbude am Engelbert-Brunnen eingelegt und uns eine klassisch echte Currywurst gegönnt.

Nun waren wir wieder in unserem grün-weißen Bulli auf Streifenfahrt in unserem Revier, und es dauerte natürlich nicht lange, bis unser Funker Peter wieder einen Einsatz für uns parat hatte. Ein Wunder, dass wir fünf Minuten Ruhe während der Currywurst gehabt hatten. Es knackte im Lautsprecher und dann hörten wir: „Toto und Harry! Fahrt doch mal schnell zum Puff! Dort in der Telefonzelle wartet der Anrufer auf euch. Er ist angeblich auf dem alten Kruppgelände beschossen worden."

Bei dem Wort beschossen stellten sich mir die Nackenhaare hoch. Es war noch nicht allzu lange Zeit her, da hatten wir einen Einsatz, bei dem ein Mann mitten in der Stadt direkt vor einem Supermarkt mit einer scharfen Pistole insgesamt sechzehn Mal auf seine Ehefrau geschossen hatte. Wie durch ein Wunder wurde damals weder die Frau noch irgendein Unbeteiligter verletzt. Obwohl die Projektile allen nur so um die Ohren pfiffen.

Nun also schon wieder ein, im Polizeideutsch, Schusswaffengebrauch? Wir standen günstig zum Einsatzort und bogen bereits nach zwei Minuten mit Blaulicht in die Gußstahlstraße ein. Mit Erleichterung stellten wir fest, dass der Anrufer, der winkend vor der Peepshow auf uns wartete, nicht verletzt zu sein schien. Toto stieg sofort aus und ging schnell zu dem vermutlichen Opfer. Ich gab über Funk durch, dass wir am Tatort seien und der Mann keine Verletzungen habe.

Aufgeregt und immer noch geschockt erzählte uns dann Kai-Uwe, was ihm gerade passiert war: „Ihr müsst euch mal vorstellen, die tauchen da auf, bewaffnet und mit Soldatenklamotten. Ich dachte echt, das war es jetzt, die knallen mich ab." Ihm standen Tränen in den Augen, vor Aufregung, Wut und Traurigkeit. Nachdem er uns alles geschildert hatte, gingen wir gemeinsam mit ihm auf das Gelände des Stahlwerks in Richtung der ehemaligen Maschinenhalle.

Bei der Halle, wie auch bei allen anderen Gebäuden auf dem Gelände, handelte es sich um eine Industrieruine, die bereits seit

Jahren leer stand und als einsturzgefährdet galt. Keiner kümmerte sich mehr um das immer weiter verfallende Thyssen-Werk, keiner wusste, was daraus mal werden sollte.

Trotzdem hatten wir hier bereits zahlreiche Einsätze hinter uns gebracht, da immer wieder Personen, meistens Jugendliche und Kinder, einfach über die Zäune kletterten und dann in die Hallen einbrachen. Ich konnte mich noch sehr gut an einen Einsatz erinnern, bei dem wir im Rahmen eines Nachtdienstes vierzig schwarz gekleidete Gothics aus einer der Hallen holten, die dort eine, wie sie es bezeichneten, „kleine Geheim-Fete" veranstalten wollten. Oder wie wir einen Bulli verfolgten, der flüchtete, als wir ihn kontrollieren wollten. Ein Verdächtiger wäre dabei fast aus dem Auto gefallen. Aber mit Hilfe weiterer Kollegen hatten wir auch diese Ganoven gefasst.

Gemeinsam mit Kai-Uwe betraten wir nun die alte Maschinenhalle. Eine Eingangstür zu der riesigen Halle gab es längst nicht mehr. Die Scheiben der zahlreichen Fenster des Gebäudes waren allesamt zerbrochen oder eingeworfen, die Scherben lagen in den Räumen verstreut. Das fahle Licht spiegelte sich in den Glasstücken, überall glitzerte es auf dem Boden. Und unter den Schuhen knirschte es entsprechend beim Laufen.

Es gab keine Wand, die nicht mit irgendwelchen Sprüchen, Strichen oder Graffitis beschmiert war. In den Räumen lagen Steine und Schutt von umgestürzten Mauern, verrostete Maschinenteile und alte, umgekippte Metallspinde. Dazwischen gab es kleine Seen, gespeist von dem Wasser, das durch das undichte Dach in die Halle regnete. Außerdem wurde das Werksgelände offenbar auch als Müllabladestelle für lästigen Haus-, auch Sondermüll genutzt. Überall lagen Säcke und auch ein paar Plastikfässer herum.

Als ich die Treppe zum fünften Stockwerk emporstieg, konnte ich den typischen Geruch wahrnehmen, der durch das Abbrennen eines Feuerwerkskörpers entsteht. Im Türrahmen lag die Ursache für diesen Geruch: Der blass-rötliche so genannte „Chinaböller" der Klasse D war von der Detonation aufgeplatzt. Ein Knallkörper, der gerade in solch großen Räumen sehr effektvoll krachend explodiert.

Wir gingen die verbogenen und rostenden Stahltreppen weiter nach oben. In den Räumen der obersten Etage lagen Teile der kaputten Dachkonstruktion auf dem Boden. Regenwasser plätscherte durch die Öffnungen im Dach und sammelte sich auch hier in riesigen rostbraunen Wasserpfützen auf dem Boden.

Hinter mir erschien Kai-Uwe und betrat den Raum und schilderte uns nochmals den Angriff der beiden halbstarken Jugendlichen. Bei

genauerem Hinsehen entdeckte ich in einer Ecke des Raumes, welche vom Rostwasser noch nicht erreicht worden war, eine alte, fleckige Matratze. Sie lag dort versteckt und etwas geschützt vor dem Wind hinter drei verrosteten Metallspinden auf dem Boden.

Daneben stand ein kleines Kofferradio und in einem der alten Spinde standen eine Flasche Limonade und verschiedene Lebensmittel: Zwieback, Hartwurst, zwei Bananen.

Da wurde uns klar, was wir nicht glauben konnten: Unser Überfallopfer lebte hier in dieser alten Trümmerlandschaft. Das war also Kai-Uwes gesamtes Hab und Gut. Wir fragten ihn, ob er hier schon länger leben würde. Leise und ein wenig beschämt antwortete er: „Ja, schon über ein halbes Jahr." Sechs Monate unter diesen, eines Menschen unwürdigen, Umständen leben. Konnte man das überhaupt Leben nennen? Wollte er etwa auch im kommenden Winter in dem Gemäuer hausen?

Mir wurde wieder einmal vor Augen geführt, wie gut es einem geht, über welche kleinen Probleme man sich oft unnötig aufregt. Oder wie nebensächlich es ist, wenn man grübelnd mit spitzem Stift den nächsten Urlaub planen muss, weil das Geld mal wieder nicht reicht. Und jetzt wurde uns ja auch noch das Weihnachtsgeld gestrichen. Solche Probleme hätte Kai-Uwe gerne gehabt. Er lebte ausgegrenzt von unserer Gesellschaft, und das offenbar auch noch unverschuldet.

Meine Stimme wurde merklich leiser, und ich schämte mich, als ich Kai-Uwe eröffnen musste, dass er seinen Schlafplatz nicht behalten durfte. Aus Sicherheitsgründen und aufgrund der Tatsache, dass es sich bei der Halle um Privatbesitz handelte, musste ich ihm einen Platzverweis erteilen. Das war wieder einer der Momente, in denen ich gerne zwei Augen zudrücken möchte, es aber nicht darf. Wir müssen nun mal Recht und Ordnung vertreten. Auch wenn es manchmal Härtefälle trifft.

Der ehemalige Kranführer nahm diese Entscheidung allerdings mit Fassung zur Kenntnis und versprach, sich einen anderen Platz zu suchen. „Hier könnte ich nach dem Erlebnis sowieso nicht mehr gut schlafen. Denn wer weiß schon, ob diese Idioten nicht noch mal wiederkommen und mich wieder erschrecken wollen."

Dann wollte er uns den „schönen Blick" über das Gelände zeigen. „Das erinnert mich an glückliche Zeiten, deshalb habe ich hier mein Lager aufgeschlagen. Wenigstens die schönen Erinnerungen kann mir keiner wegnehmen, die gehören mir." Dann gab er uns zum Abschied die Hand und sagte leise: „Danke, dass Sie gekommen sind und ich Ihnen nicht egal bin." Toto klopfte ihm auf die Schulter und sagte: „Wir kümmern uns doch um jeden, der Hilfe braucht. Und wenn die noch mal auftauchen, gleich wieder durchklingeln."

In dem Moment, als wir die Halle kopfschüttelnd und ein wenig frustriert verließen, entdeckten wir die beiden Jugendlichen. Den Anruf konnte sich Kai-Uwe sparen, die würden wir uns jetzt packen. Die Nachwuchs-Gangster hatten sich in einem Nachbargebäude versteckt und die Situation von dort aus beobachtet. Offenbar glaubten sie sich in ihren Tarnklamotten gut versteckt, aber da hatten sie sich geschnitten. Als sie merkten, dass wir sie entdeckt hatten, gaben sie Fersengeld. Wir wollten uns aber die Chance nicht entgehen lassen, ihnen ein paar passende Worte zu ihrem Verhalten zu sagen.

Nach einem kurzen Sprint durch hohes Gestrüpp und mehreren Sprüngen über Schutt und Unrat rannten sie in eine weitere Bauruine, aus der es keine Fluchtmöglichkeit mehr für sie gab. Ihr Pech, dass wir uns Dank anderer Einsätze hier gut auskannten.

Laut forderten wir sie zum Herauskommen auf: „Los, hier ist die Polizei, kommt raus, wir haben euch längst entdeckt! Oder sollen wir die Hunde kommen lassen, das wird dann aber unangenehmer für euch beide. Also, was ist?"

Nur Sekunden später traten uns die beiden Nachwuchs-Rambos mit gesenkten Häuptern entgegen. Zuvor hatten sie ihre Waffen einfach achtlos auf den Boden der Bauruine geworfen. Man konnte ihnen deutlich ansehen, dass sie sich in ihrer Haut nicht besonders wohl fühlten. Von Mut, Angriffslust oder Kampfeswille war nun keine Spur mehr vorhanden.

Dem vermeintlich coolen Anlass „Menschenjagd" entsprechend trugen beide Klamotten in Tarnoptik, die Kampfanzügen der Bundeswehr glichen; auch die Ausrüstung erinnerte an die von Sol-

daten. Neben einem Fernglas kamen zwei Pistolen, ein Gewehr und zahlreiche Feuerwerkskörper zum Vorschein.

Ich musste unwillkürlich an die Amoktaten von Schülern denken, die mit echten Waffen in Schulen gestürmt waren und dort Lehrer, Mitschüler und Polizeibeamte, die zum Einsatzort gerufen wurden, getötet hatten. Die Waffen, die nun in meinen Händen lagen, waren zwar nicht echt, aber von Originalen kaum zu unterscheiden.

Wie uns die beiden Fünfzehnjährigen erzählten, hatten sie die Pistolen und das Gewehr selbst erworben: „Die haben wir selbst gekauft, das ist erlaubt, ehrlich." Sie hatten Recht, es ist wirklich problemlos möglich, denn in Deutschland dürfen Soft Air Waffen mit einer „geringen" Geschossgeschwindigkeit bereits an Jugendliche und teilweise sogar an Kinder verkauft werden. Es sind halt angeblich nur „Spielzeuge".

Mit Mühe gelang es mir, meine Wut und mein Unverständnis über diese Tatsache und das Verhalten der beiden Jugendlichen im Zaum zu halten. Mit eindringlicher Stimme sagte ich zu ihnen: „Dass ihr die kaufen dürft, wissen wir. Aber was ihr damit anstellt, ist nicht wirklich erlaubt. Ihr erschreckt jemand, schießt auf ihn. Dabei könnte man jemanden zum Beispiel an den Augen verletzen. Oder vielleicht bekommt der Mann vor Schreck einen Herzanfall. Habt ihr da schon mal dran gedacht? Oder wäre das dann erst richtig cool, wenn das Opfer zu Boden sackt?"

Beide schüttelten schuldbewusst auf dem Rückweg zum Streifenwagen ihre Köpfe. Auch von Toto mussten sie sich dann noch so Einiges anhören, und vermutlich wären sie am liebsten im Erdboden versunken. „Was meint ihr, wie schnell ihr selbst die Opfer seid? Was alles passieren kann, wenn wir hier ankommen und nur hören, dass zwei Personen mit Waffen rumballern und dann im Halbdunkel der Fabrikhalle auf euch treffen. Wie schnell löst dann eine falsche Bewegung von euch eine Katastrophe aus. Für uns sehen die Waffen aus der Entfernung täuschend echt aus, wir wissen nicht, dass es Soft Air Waffen sind. Vielleicht fühlen wir uns bedroht und schießen dann selber. Auf euch, aber mit echten Pistolen. Mann, ihr riskiert hier euren Arsch für so'n Scheiß. Begreift das und hört auf damit!"

Am Streifenwagen wurden sie dann nochmals mit Kai-Uwe konfrontiert, der dort auf uns wartete. Er hatte die Verfolgungsjagd aus seinem Stockwerk beobachtet und wollte sich die Pappenheimer offenbar selbst noch mal genauer angucken. Zitternd und mit Tränen in den Augen nahm er die lapidare und nicht wirklich ernst gemeinte Entschuldigung der Jugendlichen zu Kenntnis. „Jungs, ich habe lange gearbeitet, ich bin kein Penner, mir gibt keiner einen

Job. Bin ich deshalb für euch der letzte Dreck, den man abknallen sollte? Schämt euch!"

Dann drehte sich der ehemalige Thyssen-Malocher um und ging mit seinen wenigen Habseligkeiten davon. Er tat mir leid – im Gegensatz zu den nun ängstlichen Jugendlichen, die offenbar langsam Bedenken wegen ihrer Eltern bekamen.

Wir fuhren mit den beiden Helden zur Wache und informierten telefonisch die Eltern über die Taten ihrer Schützlinge. Auf unser Drängen hin wurde das Spielzeug von der Polizei einbehalten und durch die Eltern zur Vernichtung freigegeben.

Ich hoffe, dass die beiden Jugendlichen ihre Lehren aus der Geschichte gezogen hatten, denn wenn nicht, war es ihnen jederzeit problemlos möglich, wieder aufzurüsten, um unschuldige Menschen in Angst und Schrecken zu versetzen.

Und über schlimmere Konsequenzen möchte ich hier gar nicht erst nachdenken.

Eine ganz normale Schicht

Ich liege schön eingemummelt unter meiner Kuscheldecke, halte meine geliebte Frau im Arm, und wer summt mir da um fünf Uhr ins Ohr? Mein Wecker mit der Melodie von „Starwars". Darth Vader ist über mir, denke ich noch und reiße unwillig meine Bettdecke weg.

Mache ich das morgens nicht sofort, bleibe ich garantiert liegen und schlafe wieder ein. Aber ich muss mal wieder zum Frühdienst

zur Dienststelle, also raus aus den Federn. Schließlich wartet Harry schon an der Wache hinterm Förderturm.

Das einzig Gute am frühen Aufstehen sind die leeren Straßen. In wenigen Minuten bin ich auf dem Parkplatz am Polizeipräsidium. Schnell unter die heiße Dusche, die Uniform angezogen und dann hoch in den Aufenthaltsraum. Frischer Kaffeeduft fliegt mir entgegen. Auf Harry ist Verlass, er hat schon den Wagen gepackt und frische Bohnen aufgebrüht.

Kaum habe ich den ersten heißen Schluck runtergespült und Harry gedrückt, klingelt das Telefon auf dem großen Tisch im

Frühstücksraum. Obwohl Harry abnimmt, höre auch ich Peters Stimmgewalt: „Fahrt mal zur Alleestraße, dort sind zwei Pärchen aus dem Taxi gestiegen und prügeln jetzt auf eine andere Person ein."

Ich stöhne: „Na, dann sind wir ja gleich sofort richtig wach." Mit dem Streifenwagen geht es durchs Rolltor. Eine rasante Fahrt Richtung Puff beginnt. Als wir eintreffen, treten zwei Männer auf einen am Boden liegenden Mitbürger ein, der schon jammernd in der Hecke liegt. „Polizei! Aufhören! Und warum habt ihr Blut am Schuh?" Die Frage wird sofort mit wilder Flucht beantwortet. Doch wir sind ja zum Glück schon fit, und ein bisschen Frühsport kann schließlich nicht schaden.

Harry sprintet hinter dem ersten Täter her und reißt ihn zu Boden. Wie eine Klette hängt er über ihm und fesselt ihn. Da ich kein großer Sprinter bin, muss ich eine gekonnte Grätsche ansetzen, um meinen Flüchtigen einzufangen. Dann kurz draufgesetzt und gehebelt, fertig ist die Festnahme. Die übliche Antwort vieler Täter darf selbstverständlich auch nicht fehlen: „Wir haben doch gar nichts gemacht."

Pech für die beiden und Glück für die Gerechtigkeit, dass wir nun mal selbst Augenzeugen der Tat sind. Denn das Opfer kann sich plötzlich auch an nichts mehr erinnern. Ein Schläger behauptet dreist: „Der hat uns provoziert und als Ausländer beleidigt." Der Dickere von den beiden baut sich trotz Handschellen auf: „Und das lassen wir uns nicht gefallen, klar?"

Anscheinend sollte hier mal wieder nur Frust abgebaut werden, und es traf ein unschuldiges Opfer. Aber da sollen Staatsanwalt und Richter entscheiden, welche Strafe die Schläger verdient haben. Beide müssen mit zur Wache: Blutprobe, Anzeige, dann in die Gewahrsamszelle. Zur Verhinderung von weiteren Straftaten, heißt das offiziell. Wenn sie nüchtern sind, dürfen sie wieder nach Hause. Das Prügelopfer kommt zur Beobachtung ins Krankenhaus, außer Schürfwunden und einem blauen Auge hat der Mann aber offenbar noch mal Glück gehabt.

Nach dem wie üblich nervenden Schreibkram nehmen wir uns eine heiße Tasse Kaffee. Da haben wir uns aber zu früh gefreut.

Das Telefon im Gemeinschaftsraum klingelt und außer uns sind schon alle im Einsatz. Unser Funker brummt kurz in den Hörer: „Am Puff sind drei blutende Personen, vermutlich türkischer Herkunft, gesehen worden. Fahrt mal gucken."

Also das gleiche Spiel noch mal: Wieder mit Sonder- und Wegerechten zum „Eierberg", so heißt unser Puffviertel im Volksmund. Und wieder rollen sich ein paar Übriggebliebene der Nacht auf dem Boden. Harry und ich springen aus dem Bulli und trennen mal wieder die Streithähne. Der Dank dafür wird von einem der Schläger formuliert: „Ey, was mischt ihr euch denn in unsere Angelegenheiten ein? Wir sind Kumpels, haben etwas Döner gegessen, etwas Sex gehabt und uns dann etwas gestritten. Das geht keinen was an, weißt du?" Das sagt er, während das Blut seiner vermutlich gebrochenen Nase auf sein weißes, zerrissenes Hemd tropft.

Ich versuche, den Typen zu erklären, dass die Polizei es schon etwas angeht, wenn sich Leute blutig schlagen. Und das auch noch auf offener Straße. „Vielleicht will ja jemand von euch Anzeige erstatten." Die Antwort des blutverschmierten Hemdes kenne ich irgendwie schon: „Ich bin gefallen, Herr Toto, und die Kumpels haben mir aufgeholfen und mich gestützt. Ich hatte schwache Beine und ich zeige keinen an. Es ist ja auch nichts passiert. Kümmert ihr euch mal um die richtigen Verbrecher! Wir sind nur ein bisschen voll."

Wir sagen den Männern eindringlich, dass sie beim nächsten Einsatz in die Zelle wandern, egal ob einer Anzeige erstattet oder nicht. Dann setzen wir uns genervt in den grün-weißen Bulli und fahren zurück zur Wache. Harry mault leise vor sich hin: „Was man sich alles von so ein paar Experten anhören muss. Da wollen wir Freund und Helfer sein und die meckern uns noch an." Ich versuche Harry zu trösten: „Du weißt doch, wie es ist: Pack schlägt sich, Pack verträgt sich. Die sagen gar nichts zu Bullen und halten zusammen."

„Hast ja Recht. Komm, wir fahren rein und frühstücken erst mal. Von denen lassen wir uns den Tag nicht vermiesen. Schließlich ist es schon fast acht Uhr und mein Magen knurrt langsam."

Auf der Wache gibt es dann verspätet ein gemeinsames Frühstück mit Kollegen. Denn am späteren Sonntagmorgen sind die letzten Vögel der Nacht endlich im Bett oder bei uns in der Zelle, und die Kirchgänger machen erfahrungsgemäß nicht soviel Ärger. Also gilt es, bei Ei- und Fleischwurstbrötchen neue Kraft für den Rest der Schicht zu sammeln. Denn da kann ja immer noch so einiges kommen.

Gerade schiebe ich mir das zweite Brötchen rein, im Fernseher läuft eine Wiederholung von Samstagabend, da schreit schon der Peter aus dem Funkraum: „Ende mit Frühstück, dicker Verkehrsunfall auf der Königsallee. Ein Wagen hat sich überschlagen und liegt jetzt auf dem Dach auf der Gegenfahrbahn. Alles, was laufen kann, sofort raus!"

Wir rasen mit drei Streifenwagen zum Unfallort. Wie immer die quälende Fragen im Kopf: Gibt es Schwerverletzte oder sogar Tote? Ist der Notarzt schon da? Sind Kinder im Auto? Als wir eintreffen, sehen wir den Opel auf dem Dach mitten auf der Kreuzung. Der Fahrer sitzt daneben, Zeugen kümmern sich bereits um ihn. Zum Glück treffen mit uns auch Rettungswagen und Notarzt ein, aber es war nur der Fahrer im Wagen, und der hat lediglich eine Platzwunde.

So sperren wir zunächst die komplette Straße in beide Richtungen ab. Nicht dass noch jemand in die Unfallstelle rast, Sonntagmorgen bildet sich kein schützender Stau, die Straßen sind ja leer.

Jetzt heißt es: Ruhe bewahren und konzentrieren. Mein Ausbilder sagte immer: Die Geschwindigkeit nicht auf Kosten der Sicherheit erhöhen. Das habe ich mir gemerkt. Der meinte damit, dass in besonders prekären Einsätzen uns die einfachsten Dinge oft sehr schwer fallen. Man dadurch wichtige Sachen vergisst. Also schön am eingespielten Einsatzprogramm festhalten und es abarbeiten.

Der Dienstgruppenleiter ist auch vor Ort und teilt seine Truppe schnell ein. Meine Aufgabe ist es, Übersichtsfotos von einer höheren Position zu machen. Also schelle ich den Küster der nahen Kirche raus und gehe mit ihm auf den Glockenturm. Was für ein Aufstieg bis ganz nach oben! Schon wieder Frühsport, denke ich. Dazu überall diese fiese Taubenscheiße und unangenehmer Modergeruch.

Der Küster, ein rüstiger Endsiebziger, eilt die schmalen Stiegen behände rauf und schreit mir dauernd etwas zu. Er erzählt mir vom Krieg, und wie sie sich in den Nischen verborgen haben und nur Wasser und Brot zu essen hatten.

Als wir oben ankommen, schreit der Kirchenmann plötzlich: „So, jetzt halt dich bloß fest, gleich ist es soweit!" Dann zeigt er über mir an die Decke. Ich gucke nach oben und denke noch: „Was sind das für riesige Glocken." Da passiert es: Die Glocken bewegen sich und ohrenbetäubender Lärm lässt mich erzittern. Man muss sich wirklich festhalten, dabei brauche ich eigentlich beide Hände, um mir die Ohren zuzuhalten. Und da es gerade zehn Uhr ist, weiß ich auch, dass es nicht nur einmal bimmelt.

Der Lärm reißt mir fast die Ohren raus. Ich mache mich ganz klein und denke nur: „Bitte keinen Hörsturz kriegen." Ich zähle die Schläge mit und bin froh, als es endlich vorbei ist. Der Küster lacht sich schlapp über mein Gesicht: „Das ist schon heftig, nicht wahr? Da gewöhnt man sich nie dran." Als ich nun zum Fenster gehe und es öffne, raubt es mir fast den Atem. Hier oben zieht es wie Hechtsuppe. Der tolle Ausblick über unsere schöne Stadt entschädigt mich aber. Tief im Westen, das bekannte Lied von unserem Herbert, geht mir durch den Kopf. Doch die Realität holt mich schnell wieder ein, als ich auf der Kreuzung da unten die Blaulichter flackern sehe.

Nachdem ich meine Fotos gemacht habe, mache ich noch mal einen Rundblick. Rechts sehe ich den kleinen, aber überall bekannten Tante-Emma-Laden von Elli Altegoer, links kann ich die Flutlichtmasten unseres Ruhrstadions und den Westpark sehen. Schließlich klettere ich wieder den Glockenturm herunter und bedanke mich beim drahtigen Küster für die tolle Vorstellung.

Der Abschlepper ist mittlerweile auch schon da, Harry vermisst gerade noch ein paar Bremsspuren, dann ist der Einsatz erledigt. Zurück zur Wache, denn der nächste Einsatz kommt bestimmt. Gerade an einem Tag, der so begonnen hat.

Und so ist es auch. Noch im Bulli werden wir schon wieder von der Leitstelle angesprochen. Diesmal sollen wir Ermittlungen an einer Adresse machen. Ein Autofahrer hat am Westpark einen Jun-

gen mit dazugehörigem Mountainbike umgefahren. Als der Junge stürzte und liegen blieb, fuhr der Mann einfach am Opfer vorbei, hielt erst ein Stück weiter an und rief dem Schüler winkend zu: „Fahr doch auf dem Radweg, dann passiert dir auch nichts!"

Der Junge konnte sich aber zum Glück das Kennzeichen des Wagens merken und nun sind wir auf dem Weg zur Anschrift des Fahrzeug-Halters. Das Mehrfamilienhaus liegt in Altenbochum, meinem alten Bezirk. Die verdutzte Ex-Ehefrau des Fahrers öffnet die Tür und schüttelt nach unserer Frage sofort mit dem Kopf: „Nee, tut mir leid, der wohnt nicht mehr bei mir. Und der kommt hier auch nicht mehr rein." Sie deutet an, dass er offenbar eine andere Frau kennen gelernt hat.

Sie kann uns aber bei der Suche helfen: „Er benutzt den Wagen schon noch, vielleicht ist er in seinem Büro an der Hauptstraße. Er hat ein kleines Reisebüro, das Reisen in den Osten vermittelt. Natürlich für 'ne kleine Mark." Glück muss der Mensch haben, das Büro kennen wir. Wir haben da schon mal einen Einbruch aufgenommen.

Nach zehn Minuten erreichen wir das kleine Geschäft. Und wir haben Glück, das sehen wir schon beim Eintreffen. Denn in dem Reisebüro brennt überall Licht. Und das am hochheiligen Sonntag, da wird der Unfallfahrer wohl da sein.

Auf unser Klopfen öffnet er uns die Tür. Wir belehren ihn sofort, dass er nichts sagen muss: „Sie sind Beschuldigter, können die Aussage verweigern." Das tut der Mann auch zunächst; als wir ihn nach seinem Auto fragen, wird er unruhig. Er führt uns dann aber zum „Fluchtwagen", der steht in einer Seitenstraße. Sofort entdecken wir Spuren, die den Mann überführen.

Ein Stück der Kordhose des gestürzten Jungen hängt noch an der Stoßstange. Pech für den Fahrer, Glück für uns. Bei der guten Beweislage beginnt der Unfallfahrer dann auch auszupacken. „Ich dachte, dem Jungen wäre gar nichts passiert. Und außerdem hat der ja auch nicht aufgepasst. Ich kann Radfahrer sowieso nicht leiden." Der Mann muss mit zur Wache, der Führerschein bleibt wegen der Unfallflucht mit einem Verletzten erst mal bei uns.

Nach dem üblichen Schreibkram kommt langsam Müdigkeit auf. Das frühe Aufstehen, viele Einsätze, man wird nicht jünger. Doch eine Pause ist uns heute nicht so richtig vergönnt. Eine Anruferin hat gemeldet, dass eine Gruppe Jugendlicher einen Vogel quälen würde.

Also, Jacke an, in den Bulli und los zum Einsatzort in der City. Harry sagt: „Mann, ist das ein trüber Tag, heute wird es gar nicht richtig hell." Als wir an unserem Ziel ankommen, erkennen wir im Dunst eine Gruppe am Rand der Fußgängerzone. Die Anruferin ist aber nicht mehr da, sie hat bei der Leitstelle auch keinen Namen hinterlassen. Bloß keinen Ärger kriegen …

Harry steigt aus und läuft zu der Gruppe, die im Kreis um etwas herum hockt, wahrscheinlich um den gequälten Vogel. Er ruft laut: „Polizei, was macht ihr da?" Die Kids schrecken hoch und ein Mädchen sagt: „Gut, dass Sie kommen, vielleicht können Sie der armen Fledermaus helfen."

Irritiert hocken wir uns hin und da liegt sie tatsächlich: eine kleine, zitternde Fledermaus. Sie hat sich offensichtlich verflogen und ist in Todesangst. Harry und Tiere, das klappt immer gut. Ich will hier einmal mit dem Vorurteil aufräumen, Harry hätte Angst vor Hunden und ähnlichem Getier, das stimmt wirklich nicht.

Also, Harry schnappt sich den kleinen Batman-Verschnitt und versucht, die Fledermaus in der Jacke zu wärmen. Offensichtlich handelt es sich um ein Jungtier, welches aus dem Nest gefallen ist. Wir überlegen, wohin wir sonntags um diese Zeit das Wildtier bringen können. Harry hat zum Glück eine Idee: „Im Tierpark ist doch immer einer, die müssen die Tiere doch pflegen und füttern. Und heute kommen doch sowieso die meisten Besucher."

Also fahre ich mit Harry und seinem kleinen neuen Freund los. Währenddessen lasse ich über die Wache den Tierpark anrufen. Die Rückmeldung der Leitstelle macht uns froh: „Kein Problem, die wollen sich um die Fledermaus kümmern und erwarten euch schon am Eingang."

Harry hat alles im Griff, auch wenn der Nachwuchs-Vampir immer wieder in seine Hände zwickt. Aber durch die guten Diensthandschuhe kommen die kleinen Krallen nicht durch. Am Tierpark-Eingang übernimmt ein Pfleger das zitternde Tier. Offenbar ist es ein Azubi, denn er ist noch sehr jung und wirkt unsicher. Als er die Fledermaus in die Hände nimmt, zittert nicht nur das Tier. „Ach, ist die nicht niedlich", sagt er und öffnet ein wenig die Hände. Das war aber schon zuviel, denn die Fledermaus verabschiedet sich sofort und fliegt zum nahen Wäldchen davon.

Harry sagt grinsend: „Ja toll, das hätten wir auch selber gekonnt, dafür brauchen wir Sie nicht." Der junge Tierpfleger hat fast Tränen in den Augen und meint kleinlaut: „Das wollte ich doch nicht. Die fliegt aber jetzt bestimmt zu ihren in den Bäumen lebenden Verwandten. Da geht es ihr dann gut!" Wir lassen ihn in dem Glauben und hoffen, dass die Fledermaus alleine zurecht kommen würde.

Der letzte Fall dieses verrückten Tages kommt kurz vor Dienstschluss. Wir haben bei der Streifenfahrt einen zu schnellen Volvo rausgepickt und kontrollieren den Fahrer. Da fällt mir ein großer, dunkler Van ins Auge. Der Wagen fährt ruckartig an, bremst wieder, fährt wieder. „Das ist bestimmt ein Alkohol-am-Steuer-Fall", denke ich noch so und winke mit der Polizeikelle. Der Van stoppt genau neben mir, während Harry den Volvo weiter verarztet.

Am Steuer des Kleinbusses sitzt eine alte Dame. Sie dreht die Fahrerscheibe herunter und fragt, was denn los sei. „Haben Sie alkoholische Getränke konsumiert? Oder warum fahren Sie so ruckartig?" Die Antwort ist einleuchtend: „Herr Wachtmeister, das ist der Wagen meines Enkels, der hat eine Gangschaltung, mein Auto hat Automatik, da habe ich so meine Probleme. Aber ich habe auch eine Frage: Sehen Sie hinter sich die laufende Häuserwand? Kümmern Sie sich lieber um die, nicht dass die noch auf die Straße läuft."

„Also doch", denke ich. „Die Oma ist ja total voll, Respekt. Und jetzt sieht sie Gespenster." Gerade will ich antworten, da pfeift Harry ganz laut und ruft mir zu: „Hee, Toto, die Wand da, guck mal." Dann brüllt er in die andere Richtung: „Die Wand da vorne, sofort stehen bleiben oder es gibt Ärger!" Ich drehe mich um und reibe mir verwundert die Augen. Spinnen jetzt alle oder dreh ich durch?

Aber dann sehe ich sie auch, eine laufende Wand, die nun stehen bleibt. Beim genaueren Hinschauen sehe ich dann auch noch zwei Fußpaare, die unten an der Wand rausgucken und jetzt still stehen. Dann marschiert die Wand plötzlich wieder weiter, wie auf Knopfdruck.

Harry und ich können die Wand 100 Meter weiter an der dortigen Unterführung stellen. Und wir entdecken, wer zu den Fußpaaren gehört: zwei Studentinnen. Beide schauen etwas verlegen drein. Entschuldigend sagt eine: „Wir haben die Reklamewand in der Stadt an der Bühne in der Fußgängerzone gefunden und uns gedacht, dass die doch eine nette Dekoration für unsere Studenten-

WG ist. Also haben wir sie mitgenommen. Sie war doch herrenlos und so allein."

Freundlich erklären wir den jungen Damen, dass das trotzdem Diebstahl ist und dass die Holzwand bestimmt jemandem gehört. „So geht das nicht", sagt Harry. „Bringt die mal zurück zum Fundort. Das ist eine Dekoration für ein Bühnenstück. Da hätten die Schauspieler aber schön doof aus der Wäsche geguckt, wenn ihr Bühnenbild weg gewesen wäre." Wir belassen es allerdings bei einer mündlichen Verwarnung, die Mädels traben auch sofort artig mit der Wand zurück in die Fußgängerzone.

Der schriftliche Bericht über die laufende Wand war dann auch die letzte Amtshandlung dieses Frühschichttages. Es ist schon erstaunlich, was man alles so an Sachverhalten zu Papier bringt. Nichts ist eben so verrückt wie das Leben da draußen in der Großstadt. In unserem Revier.

Nachwort

Liebe Leserin und lieber Leser!

Erst einmal möchten wir uns bedanken, dass Sie uns beim Lesen dieses Buches ein Stück während unseres Polizeialltags begleitet haben.

Sie haben bestimmt mit uns geschmunzelt über das verrückte Leben, die skurrilen Gestalten und den Kommissar Zufall da draußen im Großstadtrevier. Sie waren aber wahrscheinlich genauso wie wir auch frustriert und traurig über die tragischen und brutalen Einsätze.

Zusammen haben wir beide in unserer Polizeilaufbahn wahrscheinlich mehr als 40.000 Einsätze erlebt. Und jeder war anders. Viele sind uns persönlich sehr nahe gegangen.

Denn von uns wird jeden Tag im Dienst verlangt, dass wir Helfer, Problemberater, Schutzmann, Schlichter, Schiedsrichter, manchmal Held und ständig harter Widersacher gegen all die Ungerechtigkeiten dieser Welt sein sollen. Dass das für uns und alle unsere Kolleginnen und Kollegen nicht immer leicht ist, wollten wir Ihnen mit diesem Buch beschreiben und so für Verständnis und Vertrauen für Polizisten werben, die jeden Tag die Welt da draußen ein wenig sicherer machen.

Wir wollten Ihnen auch zeigen, dass wir im Dienst ständig in Gefahr sind. Und deshalb auch manchmal besonders misstrauisch sein müssen. Viele schwer verletzte oder sogar getötete Kollegen sind uns Warnung genug.

Doch uns beide macht nicht unsere Dienstpistole stark, sondern dass wir uns blind aufeinander verlassen können. Wir sind ein Team, und das merken meist auch betrunkene Randalierer. Sie wagen deshalb erst gar keinen Widerstand.

Wir beide wissen, was der andere denkt. Wir kennen unsere Stärken und besonders auch unsere Schwächen und können uns so gegenseitig helfen und unterstützen.

Toto und Harry kommen und helfen immer, wenn man sie ruft. Das wissen Sie. Wir wollten Ihnen in diesem Buch aber auch beschreiben, wie so manch „alter Bekannter" uns das Leben zur Hölle machen kann. Weil er sich gar nicht mehr helfen lassen will und mit sich und dem Leben schlichtweg abgeschlossen hat, die Verantwortung für sich und sein Tun der Gesellschaft aufgekündigt hat. Schließlich fühlt sich ja auch keiner für ihn verantwortlich, da wird das schon in Ordnung sein.

Anstrengend ist auch, dass Menschen sich offenbar gerne streiten. Und immer wieder genug Gründe dafür finden. Oft bekommen wir nachts knackend über Funk den Einsatz: „Irma 11/32 für Irma kommen. Toto, Harry, fahrt mal zu einer Ruhestörung."

Oder wir müssen zu einem lauten Nachbarschaftsstreit, wo sich Menschen, die sich täglich sehen, seit Jahren gegenseitig schikanieren. Und jetzt hält einer den anderen am Gartenzaun am Kragen und droht mit Prügel.

Diese Menschen bräuchten eigentlich gar keine Polizei. Würden sie nur einfach vernünftig miteinander über ihre Probleme reden. Oder es wenigstens einmal versuchen. Dann wäre uns in unserem Polizeialltag sehr geholfen.

In diesem Buch haben wir unsere Gefühle und Empfindungen geschildert. Toto hat Ihnen erzählt, was in ihm vorging, als er einem auf der Straße liegenden, gerade überfahrenen toten Kind noch einmal über den kleinen, zarten Arm streichelte. Hilflos, verzweifelt und für einen Moment verlassen und völlig allein.

Oft ist es aber auch die Routine, die uns anstrengt. Wieder einen Blechschaden am Auto aufnehmen. Sich wieder fragen, warum der Schuldige einfach abgehauen ist, obwohl doch jeder in Deutschland eine Haftpflichtversicherung für seinen Wagen hat. Dann oft Stunden vor dem Computer im Büro sitzen. Immer wieder Berichte schreiben von Körperverletzungen, Sachbeschädigungen oder Beleidigungen. Oder mit unseren alten Schablonen Unfallskizzen malen.

Auch das ist Polizeiarbeit. Oft unspektakulär, oft nervig und lange dauernd, aber wichtig. Denn der Richter will hinterher wissen, was genau passiert ist. Welcher Zeuge was gesagt hat. Und das kann man sich ja schließlich nicht alles merken. Schade dabei ist nur, dass man diese Stunden in den Amtsstuben nicht auf der Straße sein kann.

Und wenn man an einem stressigen Tag es gar nicht mehr schafft, innerhalb der Schicht alle Berichte und Anzeigen zu schreiben, dann bedeutet das eben: Entweder Überstunden oder den nächsten

Tag mit Schreibkram beginnen. Und dann entscheidet man sich manchmal sogar lieber für Überstunden.

Verständlicherweise sind es aber die erfolgreichen Momente, die uns beide auch an Weihnachten oder Ostern die Schicht im Bulli durchstehen lassen, während gerade zu Hause die ganze Familie Kuchen isst. Dafür bekommen wir dann ein leises, aber dankbares Lächeln einer Oma, der wir gerade die geklaute Handtasche zurückgebracht haben.

Dann haben wir trotz vieler Niederlagen und häufigem Frust den wirklichen Sinn unserer täglichen Arbeit direkt vor Augen. Der uns auch die Kraft gibt, die wir im täglichen Kampf in unserem Bochumer Revier brauchen.

Und wir hoffen, dass Sie nach der Lektüre unseres Buches noch mehr Verständnis für Polizisten haben. Wir sind eben auch nur Menschen, mit manchmal guten und manchmal schlechten Tagen. Und dass Sie zu unseren Kolleginnen und Kollegen in Uniform so viel Vertrauen haben, wie wir es zu Ihnen haben. Und deshalb in diesem Buch vertrauensvoll ganz ungeschminkt unseren Alltag beschrieben haben.

Und wenn Sie mal Hilfe brauchen: Wir oder unsere Kolleginnen und Kollegen kommen und helfen Ihnen.

Herzlichst, Ihr Toto und Harry